JN323791

時計の時間、心の時間

退屈な時間はナゼ長くなるのか？

一川 誠
Ichikawa Makoto

教育評論社

プロローグ

時計の時間は、地球上の環境であれば、いつも同じペースで時を刻むように作られています。つまり、時計で計られる時間は、それを持つ人、置かれる環境によらず、同じ時間を示すのです。ところが、感じられる時間は、いろいろな要因によって長くなったり短くなったりすることがあります。

感じられる時間は不思議な特性を持っています。たとえば、行き道と帰り道がまったく同じ距離にもかかわらず、行き道よりは帰り道にかかった時間が短く感じたりすることがあります。時計で計ると同じ長さの時間なのに、それが伸びたり縮んだりして違う長さに感じられたりするのです。どうしてこのようなことが起こるのでしょうか?

以前筆者も所属していた山口大学には「時間学研究所」という研究機関があります。この研究所では、時間に関わる研究がなされているだけではなく、時間学についての教育も行なわれています。時間を学んだ人たちというと、時間を自由自在に使える人だと思われがちですが、決してそういうわけではないのです。筆者も時間に関わることでトラブルが多いため、知らず知らず心の時間、つまり感じられる時間の特性や時間管理に関心が増していったのかもしれません。感じられる時間というのは、謎が多く、しかもやっかいな対象です。しかし、それはいつも私たち自身の体験の基礎にあるものだと思います。どうしてもつき合っていかなければならないものでもあります。本書は、実験心理学に基づく研究成果から、時間とのつき合い方を探ってみることを一つの目的としています。

私たちは、身の回りで起こるいろいろな出来事を、リアルタイムで見たり聞いたりしていると感じていることと思いますが、実際は異なります。たとえば、視覚の場合、刺激が提示されてから知覚が成立するまでに約0・1秒の時間的遅れがあります。この時間的遅れは決してゼロにはなりません。人間の時間判断は、さまざまな要因の影響を受けて、実際とは異なる知覚を成立させる（錯覚が生じる）ことがあります。ただし、さまざまな要因が時間の長さの感じ方におよぼす効果や時間の判断に関する錯覚の大きさには個人差があります。したがって、第5章で紹介されるそれぞれの問題に対する対処法も、誰にとっても通用するものとして示しているわけではありません。それぞれの読者が自分なりの対処法を手探りで見つけるための参考になるような情報として提示しています。

さて、ここまで読み進めるのにどの程度の時間がかかったと、感じられますか？30秒？　1分、あるいは2分？　それとももっと長かったでしょうか。筆者の研究室の学生たちに読んでもらったところ、前のページの終わりまで読むのにかかった時間の平均値は80秒でした。それに対して、感じられた時間の長さの平均値は96秒でした。実は、何かをしている時間は過大評価されやすいのです。試しに、先ほどのところまで読み進める時間を実際に計り、それまでに要した時間の評定と実測値を比較してもよいでしょう。時間の評価をするとあらかじめわかっていても、おそらくは過大評価していることが確認できると思います。

では、この本全体を読むには、どの程度の時間がかかると予想されますか？　この本は、1ページ当たり615文字で、約125000文字の長さになります。それぞれの章を読むのにかかると予想される時間を予測していただければと思います。各章の最後に表を用意しました。この表に、各章を読むのにかかった時間の長さについても、そのつど書き込んでみて下さい。これについての解説はエピローグで行ないたいと思います。その結果からも、各自の時間とのつき合い方のヒントを提示したいと思います。この本を読むことを通して、時間とのつき合い方を考えるきっかけにしていただければと思います。

時計の時間、心の時間

◉目次◉

第3章 心の時間の特性

第5章 時間のカスタマイズ

装丁 大野直彦
DTP イコノス

第1章

時間を知る

時間は感性が作り出している!?

時計の時間は私たちの日常や社会的生活のなかに深く関わっています。毎日のように時間を気にしながら生活しているのだから、現代社会に生きている誰もが時間を知っていると言えるかもしれません。しかし、4~5世紀のローマ帝国の哲学者であるアウグスティヌスが指摘したように、時間とは何かを説明しようとすると、とたんに時間とはこういうものだと定義するのが案外むずかしいということに気づかされます[1]。

時間とは何か？　という問いへの答え方の一つの方向性は、その概念的定義や必然性について答えることでしょう。時間の概念的定義や必然性については哲学が検討してきました。時間に関する哲学的検討にはさまざまなものがあります。たとえば、カント[2]やマッハ[3]によって、時間が人間の感性的な体験にとって基本的な次元であるということが指摘されています。彼らは、時間や空間の諸特性が物理的な特性や概念的な本質に基づくものではなく、人間の感性の特性に基づくことを主張しています。つまり、時間の概念そのものには過去から未来へと向かって進行する特性やそれが一定の単位を持つという特性が備わっているわけではないということです。

時間の概念的な整合性を追求すると、そもそも時間は実在しないという結論に至ることもあります。たとえば、イギリスの哲学者マクタガートは論理的な考察に基づいて「今この時」という時間も、一次元の座標上に過去から未来に向かって並んでいるような時間も実在するものではないと結論しました[4)]。マクタガートの時間論に対してはさまざまな批判もなされています。すべての哲学者がマクタガートのように時間の実在を疑っているわけではありません。しかし、彼の哲学的検討に基づく時間論からは、時間における「今」性や時間の進行などの我々の素朴な時間の概念において一般的と考えられている時間の特性は、時間の概念そのものから自動的に導かれるものではなく、時間そのものの概念的な本質に関わっているものでもないということになるのです。

このように、哲学が明らかにしてきた時間の概念における特性は、私たちが感じている時間や時計の時間が持つさまざまな特性、たとえばそれが進行するものであるとか、特定の時点を持つものであるということとはずいぶん異なるものになることもあるのです。カントやマッハ、マクタガートの時間論によると、私たちが時間に与えているこれらの特性は、時間の概念的必然性に基づくものではありません。やはりこうした特性は、むしろ人間の感性や体験においてはじめて浮かび上がる要因ということになります。

時間とは何か？　という問いへの答え方のもう一つの方向性は、その物理的な特性について答えることでしょう。時間の物理的特性については物理学が検討を重ねてきています[5]。たとえば、私たちの体験において未来はさまざまな可能性に開かれています。だからこそ、私たちが自分自身で現状の判断と将来の理想的状態との間を埋めるためにさまざまな意思決定や行為を行なう際の個人的意志に意味があることになるのです。

しかし、ニュートン力学をはじめとした古典的物理学以降の物理学では、ある時点での状態を正確に特定できれば、別の時点での状態について完全に予測可能と考えられています。つまり、特定の物質の運動について現時点での運動と位置を正確に特定できれば、別の時点での運動と位置について完全に予測可能ということになります。そこには不確定性はありません。物理学的な観点からすると、世界はすでに出来上がってしまった映画のようなものであって、あるフィルムに映っている事柄が他のフィルムに映っている事柄を変えるということはありません。世界はすでに出来上がっていて変更の余地はないのです。

こうした観点からすると、ある時点の脳の物理学的な状態を完全に特定することができれば、その将来の状態も予測可能ということになります。私たちの個人的な意思決定も物理的な実態である脳の活動によって可能になると考えると、物質としての脳の状態が完全に特定できれば、そこから私たちが将来どのような意思決定を行なうのかを予測することができるはずです。私たちは自分自身の自由な意思によってそのつどの決定を行なっていると感じているかもしれません。しかし、そのような意思決定はすでに以前の物理的な状態から予測可能であったことになります。つまり、自分の手足を動かす場合、私たちが自ら意思決定したことによって手足が動くのではなく、脳や身体、周囲の環境の物理的な状態の帰結として手足が動いたことになります。自分自身で意思決定した結果として生じたものと体験されている手足の動きであっても、実は自分自身が意思決定をしたと感じているよりもずっと前の脳や身体、周囲の環境の物理的な状態によって決定されていたことになります。身体の動きを制御しているものとして体験されている私たちの意識や意志は、実は身体の動きを決定しているわけではなく、物理的な法則によって決定される身体の振る舞いの随伴現象に過ぎないのかもしれません。

このような物理学的な時間概念では、時間には特別な方向性はありません。過去の状態から未来の状態を予測することができるし、未来の状態から過去の状態を予測することもできます。過去と未来とは物理学的には対等の立場にあります。また、他の時点と本質的に異なる特別な時点も存在しません。現在という時点さえも、特別に重要な意味を持つわけではないことになります。

つまり、特別な方向性も、未来における未決定性も、特別な時間も持たないというのが物理学における時間の特性です。それは日常生活において私たちが感じている時間や一方向的に進行する時計の時間とはずいぶんと異なるものです。

現代物理学の代表的な理論である量子力学にいたっては、時間や空間、物質の運動、エネルギーさえも物理的な実体ではなく、原子のような微視的な物理系の状態とそれを可視化するために用いられる観測装置とが相互作用する際に出現するものと考えられています。量子力学が扱う原子1個といった微視的な世界についての物理学的な理解においては、時間自体が実在ではなくなってしまうのです。こうしたことが示すのは、時間に対する私たちの理解において、特別な時点である「今」や時間の進行など、私たちが日常的に感じている時間の特性は、時間の物理的特性に基づくものではないということです。どうやら、それらは、むしろ私たち人間自身の体験に起源があるようです。

時間の知覚は感覚器官を持たない

私たちが直接的に感じることができる時間は物理学や哲学が明らかにしてきた時間とも、時計の時間の特性ともさまざまな点で異なっています。たとえば、日常的に体験している読者も多いと思われますが、感じられる時間はいろいろな条件によって伸びたり縮んだりします。物理学的な時間には、特別な時点もなければ意味のある方向性もありませんが、感じられる時間において現在は特権的な意味合いを持つし、過去と未来も本質的に区別できます。我々は未来に向かって現在の行動を計画し、その際に過去の経験に影響を受けます。過去の出来事を変えることができないのに対し、未来はさまざまな可能性に開かれています。行動を行なうのは常に現在という特別な時点においてであり、その行動の結果は未来にしかわかりません。また、さまざまな体験の生起には時間的な制約や限界があります。知覚や認知における時間順序や間隔は、物理的な刺激における時間順序や間隔といった特性とは必ずしも一致しません。

物質としての世界における時間の特性や時間の概念的な特性からは、我々が体験する時間におけるこうした特性は導かれません。ここにあげたさまざまな特性は、物理学や哲学が検討の対象としてきた時間の特性ではないのです。

もちろん、我々の体験における時間の特性は、この宇宙の理解にとっては直接的に関係のない事柄かもしれません。おそらく、こうした特性の理解は人間にとってしか意味を持たない事柄と言えます。とはいえ、我々が直接に体験する時間がどのような特性を持っているのかを明らかにすることは、我々人間にとって物理学や哲学における時間研究に勝るとも劣らない重要な意味があることだと思います。なぜなら、我々が体験している時間の特性が、物理的な出来事の時間特性と異なるとしたら、そのことからさまざまな危険性や可能性が生じると考えられるからです。

人間にとって直接的に感じられる時間の特性について科学的な方法論にしたがって探求を行なっているのは、もちろん物理学ではありません。認知科学、特に、知覚や認知に関する実験心理学の分野が我々の体験における時間の特性を取り扱っています。

知覚や認知に関する実験的な研究においては、物理的な刺激（たとえば映像や音など）の条件（強度や提示位置、タイミングなど）によって見えたり聞こえたりする内容がどのように影響を受けるかについて科学的方法論に基づいて検討されています。物理的な刺激の特性と知覚や認知された内容との対応関係の基礎にある法則性を検討する方法論は「心理物理学」と呼ばれています。この心理物理学的な方法論は、物理学的な研究に比べると歴史はまだ短く、ざっと見積もって150年程度の歴史しかありません。しかし、この方法論を通して我々の体験における時間の特性だけではなく、空間的な特性などについてもさまざまな理解がなされています。

心理物理学的な方法で調べられてきた事柄に時間知覚の特性をあげることができます。「五感」としてあげられる視覚、聴覚、触覚、嗅覚、味覚といった知覚の種類は、専門用語では「知覚様相」と言います。時間知覚も五感もそれぞれが個別の知覚様相ということになります。ところが、時間知覚は五感としてあげられる知覚様相とはずいぶん異なる特性を持っています。たとえば、視覚、聴覚、触覚、嗅覚、味覚は、それぞれ物理的な刺激を知覚するための感覚器官を持っています。つまり、視覚は眼の網膜の視細胞において、聴覚は内耳の蝸牛の毛細胞において、触覚は皮膚の諸小体や神経終末において、嗅覚は鼻腔粘膜の嗅覚受容器において、味覚は舌の味覚受容器において、外部からの刺激を神経信号に変換することでそれぞれの様相の処理を始めています。他方、時間知覚にはこのような外部刺激の受容器にあたる独自の感覚器官がありません。時間知覚特有の外部刺激というものもありません。時間知覚と他の多くの知覚様相とは、知覚の成り立ちが大きく異なっているのです。

目をつむって寝転がっていても時間の経過を感じるということは、外部からの刺激がなくても時間は感じられることを意味します。一方、眼で見えたもの、耳で聞こえたもの、皮膚に触れたものそれぞれには、外部からの刺激によってその持続する時間やタイミングを感じることができます。複数の知覚様相に対して与えられる外部刺激、たとえば光と音についても、それらの間のタイミングや時間的持続を感じることができます。こうした特徴も、時間の知覚や認知を他の様相の知覚や認知と区別することになります。

なお、最近の脳研究により、時間的な処理に関わる脳の領域の存在が示唆されています。脳の機能に関する研究でよく使われている方法の一つにfMRI（機能的核磁気共鳴画像）があります。活動が活発な脳の細胞はより多くの酸素を必要とします。このfMRIは、磁場のなかではそれぞれの分子の振る舞いが異なるという特性を利用して、頭部に強い磁場を発生させることで酸素を多く持ったヘモグロビンが脳のどの領域に集中しているかを調べる方法です。この方法を用いると、さまざまな認知課題に取り組んでいる際に脳のどの領域が活発に活動しているか（酸素を必要としているか）を特定することができます。たとえば、時間的な計測やカウンティングを実施しているとき、大脳基底核の一部が通常より活性化されていることがfMRIを用いた研究によって示されています[6)]。この部位は、時間に関わる認知的な処理を行なっている際に重要な役割を果たしているのかもしれません。

とはいえ、こうした脳内部位が時間に関する処理だけを行なっているのか、あるいは何か他の処理にも関わる部位なのかはまだ明確にされていません。時間知覚に関する生理学的な基礎の解明にはまだしばらく時間がかかるようです。

時間はいつ誕生したのか?

この章の冒頭でも紹介したように、時間とは何か? という問いに答えるのはむずかしいことだと考えられてきました。しかしながら、時間がいつ誕生したのかという問いであれば、おおよその答えが可能です。宇宙は今から約150億年前に起こったビッグバンによって誕生したと考えられています。物理学的には時間もその時に誕生したと答えることができるでしょう。ただし、宇宙のはじまりの最初の数秒の間、何が起こったのかについては、まだ物理学においても特定できていません。したがって、時間がどのように誕生したかについてはまだ謎は残っていると言えるかもしれません。

おそらく、この問いに対する答えは一つではないでしょう。本書は、心理学から見た時間、特に人間が感じる時間の特性についてまとめることを目的としています。このような視点からすると、物理学的な時間のはじまりを見ただけでは時間がいつ誕生したのかという問いに答えたことにはなりません。人間を含めた生物にとって時間がどのようにはじまったのかについてより詳しく見ることにしましょう。

地球の誕生は今からおよそ46億年前のことです。すでに地球は自転していたので、地球の表面においては太陽からの光が届く時間帯と、届かない時間帯があったことになります。つまり、そのころにはすでに地表での昼と夜とを区別することができたでしょう。その後、地殻と大気が形成されました。海が地球の表面を覆うようになったのは約40億年前のことと考えられています。地球の自転のため、地表の特定の地点では、昼と夜とでは日照の有無によって温度や湿度、風向きなどが周期的に大きく変化したことでしょう。ただし、この時点での地表の状態の周期的な変化は、あくまでも地球という天体表面の物質的な状態における特性でしかなかったと言えます。

生物の起源はおよそ38億年前と考えられています。おそらく、最初の生物の存在は環境の変化が少ない深海のような環境に限られていたと考えられます。自転する地球の表面近くとか浅い海や地表で生活する生物にとっては、地球の自転に合わせて周期的に大きく変化する環境の要因に適応する必要があったものと考えられます。初期の生物はこのように大きな環境の変動のなかでは生きていけなかったことでしょう。とはいえ、次第に地球の自転に合わせて大きく変わる環境のなかでも棲息できる生物が発生してきたのでしょう。そのような生物の活動パターンは発生当初から時間的な周期性を持っていたに違いありません。

このような周期性を持った生物の誕生は、生物学的な視点から見た時間の発生ということになるでしょう。また、こうした生物の誕生は浅い海や地表の物質的な状態における周期的な特性が、初めて生物の生存にとって意味を持つことになった出来事と見ることもできると思います。

実際に、現在の地球上に棲息しているほとんどの動物も1日の周期に合わせて生活パターンが決められています。昼間に活動的である動物もいれば、夜間に活動的になる夜行性の動物もいます。このように、1日の周期に対応した生体の生活リズムを「サーカディアンリズム」と言います。多くの生物がその種に固有のサーカディアンリズムを持ち、1日の周期に対応して規則的に摂食や休息、睡眠などを取ります。地球の自転に基づく環境の周期的な変化に合わせて動物の生活も時間的に構造化されているのです。

人間も多くの動物と同じように、種として固有のサーカディアンリズムを持っています。通常、太陽が昇ると目覚め、明るい間に活動的になって摂食などの行動を行ないます。太陽が沈むと、活動性が落ち数時間の睡眠を取ることになります。長い進化の過程で人間は他の動物と同じように、太陽の昇降に合わせて周期的な生活を繰り返してきたに違いありません。

多くの霊長類は集団生活をしています。人間も群れを作って生活しています。狩猟や採集などの共同作業を行なうようになるにつれて、共同体として同じタイミングで生活をすることになっていったものと考えられます。このような時期にあっては、共同体の構成員は、日の出と日の入りを引き起こしている地球の自転を時間を計測するための道具として用いることによって、集団活動の同期をはかっていたことでしょう。その後、時間が社会のシステムとして人間の生活に大きな影響力を持つようになったのは、耕作や河川の灌漑などの作業を通して農業に大量の労働力を投入する必要が出てきた時期であったと考えられています[7]。

農耕作業のために時間を知りたい場合、自転に対応している太陽の位置だけではなく、公転に対応している太陽や星座などの天球上の運行を参照する必要があります。そのために作られた日時計の世界最古のものは紀元前4000～3000年ごろにエジプトで発明されたと言われています。その後、紀元前3000～2500年ごろに古代バビロニア人が当時の天文学や12進数の数学に基づき、時間の単位である日や時、分、秒などの基礎を築きました。このころは月の満ち欠けの周期に基づく太陰太陽暦が用いられていましたが、紀元前45年にユリウス・カエサルによって1年を約365日とする太陽暦、いわゆるユリウス暦が制定されました。つまり、年や日、時、分、秒といった時間の単位は、時間自体の物理学的な特性にしたがって決められたわけではありません。

こうした時間の単位は地球の特性に対応して決められたものです。実は、天体の大きさによって重力の強さは異なります。月のように小さな天体上であれば重力も弱く、重力加速度も小さくなります。逆に、地球よりも大きな天体の表面上では重力も強く、重力加速度が地球よりも大きくなります。何かが落下する際、その速度は星の大きさによって異なることになります。また、大きな惑星ほど自転に長い時間がかかります。さらに、恒星からの距離が大きくなるにしたがって惑星の公転の周期は長くなります。たまたま居住している星の大きさによって、知覚したり避けたりしなければいけない落下の速度も、自転や公転の周期も異なるのです。

年や日、時、分、秒といった時間の単位は、たまたま地球という惑星に生を受けた私たち人間が、太陽の昇降や天体の運行の時間的な特性を基準に作り出したものなのです。

時間は社会的な取り決めである

私たちが住んでいる地球は自転しています。そのペースは現在のところ、約24時間で1回転のペースです。また、地球は太陽系の第3惑星として太陽の周りを公転しています。その平均速度は秒速に直すとおよそ29・8kmということになります。私たちの生活の時間に影響をおよぼしている地球の動きは主にこの自転と公転です。なお、太陽系の属している天の川銀河も自転しています。恒星は銀河の中心からの距離によらず、秒速200km以上のスピードで移動しています。1周するのに約2億2500〜5000万年かかると考えられています。また、この宇宙自体が猛烈なスピードで膨張しています。21世紀初頭の段階で、そのおよその移動速度は秒速600km程度と考えられています。こうした長いスパンでの周期性を持つ天体運動や宇宙自体の空間的な特性の変化は、地球上での環境の変化に直接的に影響をおよぼすわけではないので、私たちの時間感覚には反映されていません。

このように、私たちの用いている周期的な時間の基礎には地球の自転や公転があります。1日の周期は地球の自転に、1年の周期は地球の公転に対応しています。しかし、地球の自転だけに基づいていては、正確で安定した時間を手に入れることはできません。なぜなら、地球は一定の速度で自転しているわけではないからです。地球の表面の大気と地表との摩擦や海洋の潮汐運動などの影響で、地球の自転の周期は少しずつ長くなっています。また、大きな地震によっても自転の周期は変化することがあります。たとえば、2004年12月に発生し、津波などによって22万人以上の犠牲者を出したM9・3のスマトラ沖地震では、地球の扁平率が減少したために自転は少しばかり速くなりました。NASA（米国航空宇宙局）の発表によれば、この地震の影響で1日の長さは100万分の2・68秒ほど短くなったということです[8)]。

地球の自転におけるこのような微妙な変化は、私たちの生活に直接的に影響をおよぼすことはまずないでしょう。特に、農耕のために種まきの時期や共同生活において労働の時間帯を知るには、天体の運行に基づくような大雑把な時間の決め方でも特に問題にはならないでしょう。しかし、日や時、分、秒という時間の単位を正確に決める際には地球の自転だけに頼るわけにはいかないのです。

一定に刻まれる正確な時間を手に入れるためには、地球の自転よりも不変なものを使わなくてはなりません。そこで着目されたのが原子の特性です。原子や分子は異なるエネルギー準位間を遷移する際に特定の振動数を持つマイクロ波を放射します。この振動数はそれぞれの原子や分子に特有で一定不変です。この一定不変だという特性を利用しているのが原子時計です。原子時計は、特定の原子や分子から放射されたマイクロ波の振動数に基づいて、正確でかつ安定した時を刻みます。

1秒や1分といった時間の定義はこの原子時計によって決められています。計量に関する国際的単位であるSI（国際的単位系）では、1秒はセシウム133が91億9263万1770回振動する時間とされています。

国際社会は、1972年に世界中に配置されたセシウム原子時計の平均値をフランスにある国際度量衡局で求めて、世界共通の時間を決めるという協定を結びました。この共通の時間は「協定世界時」と呼ばれています。その後、セシウム原子時計よりも高い安定度を持つ水素メーザー型原子時計が開発されました。現在では水素メーザー型原子時計も加えた平均値に基づいて協定世界時が決められています。

つまり、協定世界時や時間の単位は、時間はどこでも誰にとっても同じように進むという信念に基づき、人間の生活における必要性から作り出されたものなのです。いわば、社会的取り決めなのです。この社会的取り決めにより、個々人が持つ時計が少しずつずれたものであっても、この協定世界時を何らかの手段によって参照することができれば、誰もが共通の時間に合わせて生活することができるのです。

現代社会において、通常私たちは社会生活のペースを「時計の時間」に合わせています。この時計の時間とは、原子時計によって正確に計られた、世界中で共通の一様なペースで進行する時間、「標準時」です。このような標準時が必要なのは、他者と共存するために時間的な同調が必要とされるからでしょう。標準時は、共同体での時間的な同調を可能にするための時間「公共の時間」と見ることができます。

この公共の時間は、かつて教会や社寺などの鐘の音によって告げられていました。現代では、自室の置き時計や柱時計、時報などがこの公共の時間を告げ知らせています。そればかりか、常に身体に装着する腕時計や携帯電話によって、標準時を持ち歩くことさえ可能です。

現在では、ＮＩＣＴ（情報通信研究機構）に12台の原子時計が設置されており、日本の標準時はその平均値によって決定されています。かつては日の出や日の入りなどに合わせて各地の時間が決められていましたが、日本全国で同じ標準時を用いているため、地域によって日の出、日の入りの時間が異なることになります。秒単位で表記される日本の標準時は、ネットワークにつながったパソコンがあれば、情報通信機構のウェブサイト（http://www2.nict.go.jp/cgi-bin/JST.pl）で確認できます。とはいえ、ネットワーク上での伝達や使われている端末における情報処理速度にしたがって、そこに提示されている時刻は情報通信機構が示した時刻からは数秒程度は遅れてしまっているかもしれません。

テレビやラジオにおける時報も、通信や端末機での脱符号化処理にかかる時間を要するので若干遅れています。実は、時報だけではなく、放送内容すべてに遅れがあります。たとえば、衛星放送の場合、放送局から衛星を経て各地に配信されることになるので、地上波よりも通信にかかる時間が長くなります。それに加え、現在の衛星放送は基本的にデジタル放送ですが、デジタル放送での受信では送信された信号の解読のための時間が必要とされています。こうしたことからスポーツの試合の生中継など、地上波と衛星波で同じ番組を放送した場合、同じ出来事が衛星放送ではやや遅れて放送されることになります。たとえば、地上波と衛星波の両方で野球の試合を生中継している場合、打者の打ったボールがスタンドに飛び込むのを地上波で見て、すぐに衛星波での中継に切り替えると、ボールがスタンドに飛び込むシーンをもう一度見ることができるかもしれません。

最近は、置き時計や腕時計として電波時計が多く出回っています。これは東京と福岡にある送信所から配信されている時刻についての電波を受信することにより、表示する時刻を自動修正する機能がついた時計です。情報通信機構の日本標準時プロジェクトのホームページ（http://jjy.nict.go.jp/）によると、電波の受信にかかる時間は１２００km の伝達距離であれば４ミリ秒程度（光と同じ通信速度）とのことです。おそらく、こうした機能がついた腕時計であれば、かなり標準時に近い時刻を持ち歩くことが可能といってもよいでしょう。

ただし、私たち人間の知覚の情報処理自体に数百ミリ秒程度の遅れがあります。そのため、私たちが目にしている時刻はやはりどうしても実際の標準時刻よりやや遅れたものとなってしまうことでしょう。この知覚の遅れの程度は観察条件や観察者自身の状態によってさまざまに変化します。そのため、あらかじめその遅れを考慮して実際より速い時間を提示するといったような方法を用いることもむずかしそうです。

ロウソクの時間、電気の時間

人間は時間に制約されています。何をするにもある程度の長さの時間が必要です。空間のなかで身体を動かしたり、道具を使って環境に働きかけたりする際に、どうしてもある程度の時間が必要となります。身体だけではなく、心的な表象を操作するために一定の時間が必要です。私たち人間は、何をするにも一瞬のうちにやり遂げることはできないのです。また、行動が意味を持つためには時期やある程度の長さの時間が重要です。硬くて大きな落下物がある場合、それが頭にぶつかるまでに逃げなければけがをしてしまいます。一定の時間の範囲のなかで摂食して栄養を摂り入れたり、呼吸をしたり、排泄をしなければ生命が維持できません。過去の出来事は変えることはできず、何をするにもその結果は将来にならないとわかりません。

さらに、個々人にとって時間は無尽蔵にあるわけではありません。人間は時間的に有限で、誰もがいつかは死ぬ存在です。何をするにも時宜性というものがあるため、一つの作業にいつまでも時間をかけることができるわけではありません。ナノ単位の微細な長さの時間からまさに天文学的な長さの時間まで扱う物理学においては人の一生の時間が特別な意味を持つことはありません。しかし、一人ひとりの人間にとっては持ち時間が限られているということは重要な意味を持ちます。たとえ、物理学や哲学が特権的な時点のない時間概念を提供したとしても、私たち人間の存在自体が時間的に有限であり、生きるうえで時間のことを無視することはできません。

実際のところ、人間は致死率100%の存在です。誰も死を免れることができません。しかし、次から次へとさまざまな課題を片付けることを要求されるような日常生活のなかではこのことが忘れられがちです。おそらく、豊かな時間を得るためには、私たちはこの現実から時間を見直す必要があるのでしょう。そこには季節のように周期的な時間と、一生のうちで一度しかない一期一会的な時間とが流れています。いつでもあり得るような均質化され、非特権的でいつもと同じ今ではなく、今しかあり得ない今が常にあることになります。

時間は自分という存在がなくなったとしてもいつまでも、一定のペースで進行するものとして想定されています。想定されたものですから、それはいわば理念的、概念的なものと言えます。一方、時間的に限界のある個別の身体と精神があって初めて存在することのできる私たち人間は、決してこの理念的でいつまでも継続し一定の速度で進行する客観的時間に触れることはできません。

人間は、その身体的かつ精神的な制約から、グローバル化された、均一で延々と続く時間を生きることはむずかしいと言わざるを得ません。むしろ、どのように時間を分節化して1日や1ヶ月、1年、10年という期間を意味ある時間にすることができるかが、時間的に限界のある身体と精神という絶対的な制約から離れることができない一人ひとりの人間にとって重要な問題となるでしょう。

この150年ほどの間に人類の生活は大きく変容を遂げました。産業革命によって、大量生産、大量消費が行なわれる基盤ができました。また、時給という考え方に基づき、実際の成果ではなく、作業に従事した時間で労働力が売買されるようになりました。「時は金なり」というのは、こうした時代を象徴するような考え方です。

産業革命以後、農耕作業よりも厳密に時間を計る必要が出てきました。工場や商店で働く労働者は自分の労働力を時間単位で売って対価を得ることになったからです。そのため、より細かく時間を計測する必要が出てきました。1日中の時の流れを時や分、秒へと切り分けなければなりません。そのために、簡単に時や分、秒という単位での時間を参照する道具としてさまざまなタイプの時計が開発されてきました。その最たるものは、誰もが持参できるような携帯型の時計でした。そのような時計があれば、いつ、どこでも現在の時刻を知ることができます。

前述したように腕時計や携帯電話、パソコンを持ち歩くことで誰もが標準時間を参照できます。逆に、このような形で標準時間を持ち歩いている人たちが多数いるということは、現代の生活において標準時に合わせることが求められていることを意味しています。通勤や通学のため、就労のため、余暇を楽しむため、我々は標準時間を参照することを求められています。そこから外れると、電車に乗り損ねたり、収入が減ったり、映画の開始時間に間に合わなかったりします。日の出や日の入り、天空上での太陽や月、星の位置に合わせた生活をしていたころに比べると、明らかにより細かい時間の単位に合わせた生活を求められるようになっています。

日本や多くの国、地域では、生活の周期的パターンはもはや太陽の周期に基づくものではありません。住居や店舗など多くの建物は電化され、夜中であってもさまざまな作業をするのに十分な照明が可能となっています。日が沈んだあとでも明るさを得ることができるということは、生活のパターンを太陽の周期から切り離すことにつながっていると言えます。このような変化も、この数世代の間に世界中で急激に起こったことです。日本の場合、多くの山間部の集落の電化は、第2次大戦後の高度経済成長期になってはじめて可能になったことでした。それまでも、ロウソクやガス灯などによる照明が使われたことはあったでしょうが、スイッチ一つで強い光量の照明を可能にした点で、電化による生活への影響はそれまでの他のタイプの照明よりも大きなものであったでしょう。現在のような産業化社会が維持される限り、私たちの生活が太陽の周期から切り離された状態は続くことでしょう。

日本で本格的に時計が作られた記録は、西暦671年（天智天皇10年）まで遡ります。天智天皇が飛鳥において水時計を作らせたのが最初と言われています。この天智天皇の水時計は「漏刻」と呼ばれ、四角い箱を階段状に重ねたような構造をしていたものと考えられています。時刻は鐘や太鼓によって民衆に告げられたと記録されています。日本書紀によると、この漏刻が設置されたのが太陰暦の4月25日のことでした。これを太陽暦に直すと6月10日になります。現在、この日は「時の記念日」とされています。

それ以来、さまざまなタイプの時計によって時間が計測されてきました。ただし、それぞれの時代に用いられた時間の制度は異なっていました。今では1時間は1日の24分の1であり、昼と夜とでは時間の単位が変わることはありません。このように、時間の単位が一定で

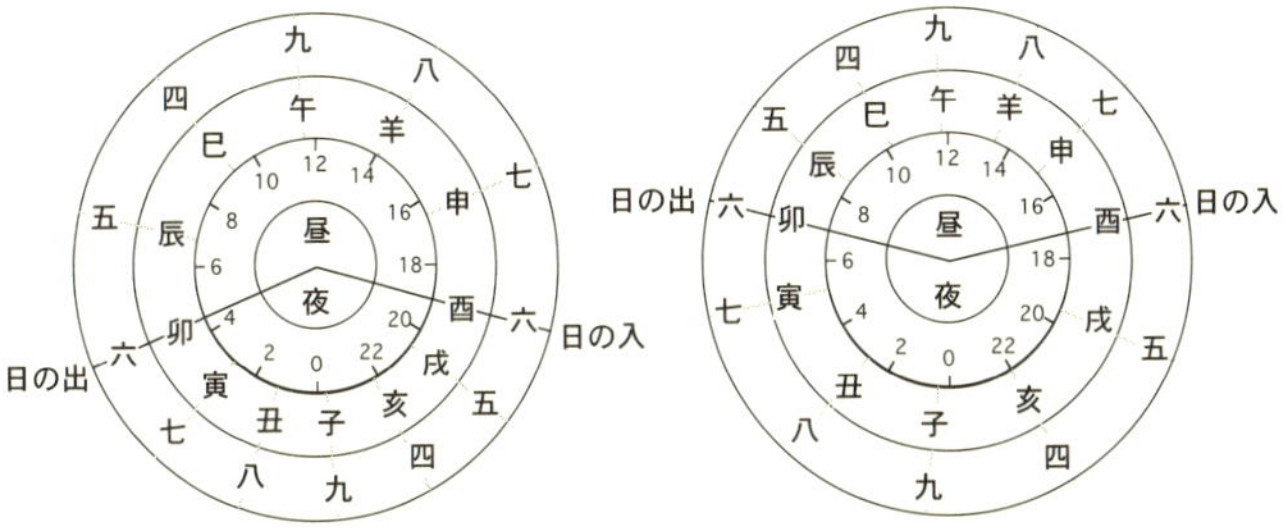

図 1-1　不定時法：夏季（左）と冬季（右）の時間

あるような時間の制度を「定時法」と呼びます。しかしながら、江戸時代から明治の初期のころまでは、昼と夜とでは時間の単位が異なる「不定時法」を用いていました。つまり、日の出を「明け六つ」、日の入りを「暮れ六つ」とし、昼も夜もその間を均等な六つの時間帯に分けていました。図1-1は不定時法における「一時（いっとき）」の長さが夏季（左）と冬季（右）とで異なることを表すものです。一番内側の円は昼と夜の時間帯を示しています。その外側の円にある数字は現在の24時間からなる定時法における時間の区分を示します。さらに、その外側の二つの円は不定時法におけるいっときの長さを示します。

このような不定時法のもとでは、住んでいる土地の緯度や経度によって異なる時間が用いられることになります。また、同じ土地であっても、春分の日と秋分の日以外は昼と夜とで時間の単位であるいっときの長さが異なることになってしまいます（図1-1）。つまり、いっときの長さは、春分の日と秋分の日は、現代の時間の単位でいう2時間にあたりますが、夏至に近ければ昼のいっときは2時間より長く、夜のいっときは2時間よりも短くなります。冬至に近ければ、その逆になります。2009年の東京を例にとると、夏至には日の出が4時25分、日の入りが19時ちょうど、冬至には日の出が6時47分、日の入りが16時32分になります。そのため、夏至と冬至では昼の時間帯の長さはそれぞれ14時間35分と9時間45分になります。つまり、昼と夜とで時間との単位であるいっときの長さの比は1・54倍から0・68倍まで変動することになります。

このように、季節によって、また、昼と夜とで時間の単位の長さが異なる不定時法の制度というのは、時間帯や季節、場所を選ばず一定の時間を刻む現代の定時法の時間に慣れた我々にとっては奇妙なものに感じられるかもしれません。しかし、それほど遠くない昔である明治時代の初期までは、私たちの祖先はこのように、日の出と日の入りによって決められる時間を使って社会を営んでいたのです。時計が今のようにどこにでもある道具ではなかった時代、太陽の位置によっておおよその時間がわかるこのような時間の制度を用いることが簡便であったのでしょう。歴史的に見ると、どこでも同じペースで流れる時間というものが一般的な時間ではないこと、社会制度としての時間に多様性があることがわかります。

江戸時代には、このように季節や昼と夜とで異なる時間の単位を用いる不定時法に対応するために、実に巧妙な仕組みを持った機械時計が作られていました。東京上野の国立科学博物館にはそうした江戸時代の時計が数多く展示されています。

定時法を用いている現代では、このような不定時法に合わせて巧妙に作られた機械時計を使うことはありません。日本で定時法による時刻が法制化されたのは明治に入ってからで、1873年（明治6年）のことでした。また、この時までは一般的に太陰太陽暦が用いられていましたが、この法制化によって太陽暦が導入されました。ただし、日の出や日の入りは地域によって異なるので、しばらくはまだ国内の各地域ごとに固有の時間が使われていました。

日本全国で標準時に合わせて時刻を制定したのは1888年（明治21年）でした。東経135度の明石の地方時を、経度0度のイギリスのグリニッジより9時間早い時間を日本の標準時とすることが定められ、日本全国一律にこの時間が用いられることになったのです。このことは、その後の私たちの生活様式や時間とのつき合い方に大きな影響をおよぼすことになりました。

第1章（28ページ）を読むのにかかると予想される時間	時間
実際にかかった時間	時間

第2章

人間にとっての時間

誰もが体内時計を持っている

多くの動物と同じように、人間にも1日の周期に対応した身体の活動性のリズムであるサーカディアンリズムがあることは前章で紹介したとおりです。人間の場合、朝の起床直後の時間帯は身体的代謝が低い状態にあります。たとえば、昼の時間帯に比べると、朝の時間帯の体温は低く、心拍は遅いのです。その後、時間が経つにつれて代謝は高くなります。午後から夕方にかけての時間帯にピークを迎え、夜にかけてまた低下します。

睡眠時は身体的代謝が低いままで、通常、覚醒時に比べると身体的活動性自体もかなり低下しています。しかし、この間、身体は休んでいるばかりではありません[1)]。実は、睡眠中であっても、体内では、さまざまな種類のホルモンの分泌が行なわれています。特に、筋肉を形成したり、骨を伸ばしたり、皮膚の再生や張りを保つことに関わっている成長ホルモンは、入眠後約30分程度で下垂体での分泌がピークに達し、その後、睡眠が続けば約3時間程度の間、分泌されることになります。

ところが、この成長ホルモンは、睡眠時の初期の時間帯で盛んに分泌されるにもかかわらず、覚醒中の時間帯はほとんど分泌されません。しかし、例外として、運動後は、痛んだ筋肉を修復するために成長ホルモンが分泌されます。それによって、筋肉はさらに成長することになります。

このように、身体のさまざまな機能にとって大事な役割を果たしている成長ホルモンにとって睡眠は重要な意味を持っています。十分な睡眠を取らないと、身体の成長や修復に必要なホルモンの分泌が行なわれないことになります。このような場合、子供の成長にとっては大きな問題です。「寝る子は育つ」という慣用句がありますが、どうやらこれにはちゃんと根拠があるようです。また、睡眠が不規則だったり、睡眠時間が短かったりすることで成長ホルモンの分泌が十分でない場合、成人であっても健康上の問題が生じることがあるのです。

年を取ると睡眠時間が短くなると言われています。この加齢にともなう睡眠時間の短縮は、加齢によって成長ホルモンの分泌が少なくなることと対応していると考えられています。他方、比較的に若い年齢であっても、睡眠が十分得られず、成長ホルモンの分泌が不十分である場合、老化しやすくなると言われています。成人であっても、成長ホルモンの分泌はさまざまな器官の再生をうながすという機能を果たしているのです。睡眠が短く、成長ホルモンの分泌が不十分な場合、動脈硬化や肥満など、いわゆるメタボリックシンドロームに関わる問題へと発展することもあります。

また、睡眠している間にも、私たちの脳もさまざまな活動を行なっています。たとえば、記憶の形成に関わっている海馬などにおいて、その日のうちに学習した事柄、経験した事柄を反芻するような活動パターンが見られることが知られています。このようなパターンが睡眠時に観察された場合、起床後に記憶された内容を思い出してもらうような課題における成績がよくなっていたという報告もなされています。どうやら、学習した情報を保持するために睡眠は重要な役割を果たしているようです。

このような身体的代謝のリズムに合わせるかのように、私たちの生活パターンにもリズムがあります。先述したように、朝に目が覚め、昼の間に活動し、夜の間は寝るという生活パターンを人間は長い間続けてきたのです。このサーカディアンリズムの基礎には身体のどこかに、このような1日周期の生活リズムを司る器官があるためと考えられています。その器官は「体内時計」あるいは「生物時計」と呼ばれています。

人間を含む哺乳動物に関しては、脳の視床下部に位置する視交叉上核と言われる部分がこの周期的な生活パターンの形成に大きな影響を与えています[2)]。視床下部には体温、呼吸、血圧、血糖値などを一定に保つホメオスタシスという機能を司る中枢が集まっています。視交叉上核は数万個の神経細胞からなる細胞群です。視交叉上核の活動性は、日中に昂進し、夜間は落ち着きます。この周期的な活動がホメオスタシスを司る中枢全体に影響を与えることで、体温、呼吸、血圧、血糖値などにおける日内変動が生じるものと考えられています。

視交叉上核の周期的な活動性は、Period, clock, Cycle (Bmal), Cry などの発振器役の遺伝子の振る舞いによって決められていることがわかっています。これらの遺伝子が周期的にタンパク質を作り出します。この作り出されたタンパク質が一定の濃度に達すると、そのこと自体がその遺伝子の振る舞いを押さえます。このタンパク質の産出と遺伝子の活動の活性化と抑制が、タンパク質の濃度に一定の周期性を持たせますが、このタンパク質の量が心拍や血圧、体温、血糖値などに影響を与えます。

ただし、私たちの身体の生理的リズムは視交叉上核の周期的な活動だけで決まっているわけではありません。生物時計が24時間周期であれば、日光や時計など1日の周期に関する情報が入らない環境でも、24時間周期で生活ができるのかもしれません。ところが、日光や時計など1日の周期に関する情報が入らない部屋で、眠くなったら寝て起きたくなったら起きるという生活を続けた場合、目が覚める時間と眠たくなる時間とは毎日少しずつずれていくことが知られています。そのズレ方には、動物の種や個体によって異なります。人間の場合、個人差はあるものの、複数の人たちの傾向を平均すると1日につき約1時間ずつ遅れます。つまり、人間の生物時計の周期は平均約25時間ということになります。動物の場合だと、人間よりはやや正確な種が多いのですが、それでもやはり、毎日少しずつずれていくのです。たとえば、ネズミを外部と隔離して飼育した場合、1日で5分程度進みます。それでも私たちや多くの種の動物が毎日周期的な生活を問題なく送ることができるのは、毎日、日の出や日の入りという太陽の昇降の周期や食事のタイミングなどの生活の時間的パターンによって生物時計とそれに基づく生活の周期を調整しているからと考えられています。

実際、生物時計は、次第に明るくなる朝の光やだんだん暗くなる夕方の光に合わせて調整されることが、さまざまな動物を使った実験的研究によって明らかにされています。このような日の光によるサーカディアンリズムの調整は、何億年かの進化の過程でそれぞれの動物の種がずっと続けてきたことなのです。

このような日の光による身体リズムの調整ができない生活では、いろいろな心身の問題が生じることになります。その問題の一つとして、睡眠障害をあげることができます。睡眠障害とは、睡眠に関わるさまざまな問題の総称ですが、1日24時間という生活の周期のなかで起床、活動、睡眠のリズムを調整している生物時計が狂ってくると、朝になっても起きることができない、昼間に急に眠くなる、夜いつまで経っても眠ることができない、寝ている途中で急に目が覚める、といったような睡眠に関わる問題が生じやすくなります。この節の冒頭でも紹介したように、成長や身体活動の調整のために必要とされるホルモンは睡眠時に分泌されます。したがって、睡眠障害は、ホルモンのバランスに起因するさまざまな問題に発展するおそれがあるのです。

たとえば、睡眠障害は、鬱を引き起こす原因ともなり得ることも指摘されています。また、長期的な睡眠周期の乱れや短い睡眠は肥満や高血圧を引き起こす可能性も指摘されています。このように、生物時計の周期の乱れは睡眠と覚醒のリズムの混乱だけではなく、生活にとってより深刻な状態を引き起こすかもしれない重大な問題と言えます。

人間の視覚は約0・1秒遅れている

私たちは、目の前に何かが現れたとき、瞬時にそのものが見えているように感じています。しかしながら、私たちの知覚の情報処理には必ず一定の時間が必要です。たとえば、視覚の場合、網膜に光刺激があてられても、その瞬間に光の感覚が成立するわけではありません。光が視細胞における神経活動を開始させたとして、その後多くの神経を伝わって大脳の視覚皮質が刺激されて初期の誘発電位が生じるまでには0・03〜0・04秒程度の時間を要します[3]。その後、見えの体験を成立させるための処理が必要となります。そのため、視覚刺激が提示されてから視覚の体験が成立するまでには、結局、短く見積もってもおよそ0・1秒の時間がかかります。刺激が提示されてから知覚が成立するまでのこの時間的遅れは決してゼロになることはありません。

刺激が与えられてから、その刺激に対する意識的な運動としての反応が起こるまでの時間間隔を「反応時間」と呼びます。ドイツの実験心理学者ペッペルは、音や光が感じられたらすぐにキーを押すという反応時間の測定実験を実施しました[4]。彼自らが被験者として参加した実験において、聴覚刺激に対して0・13秒、視覚刺激に対して0・17秒という反応時間の平均値を得ています。当然、この時間には知覚の処理時間だけではなく、キーを押すための指の運動に要する時間も含まれています。しかしながら、視覚刺激に対しても聴覚刺激に対しても同じキー押しをさせた場合、運動に関わる時間はどちらの場合にも同じであったと考えられます。物理的には光は音よりも速く空間中で進行しますが、聴覚における音刺激の処理時間は視覚における光刺激の処理時間よりも短いのです。

また、皮膚における触覚についての研究では、聴覚の処理よりは遅く、視覚の処理よりは若干速いことが示されています。このように、視覚や聴覚、触覚といった知覚様相によって、処理の時間が異なります。そのため、知覚されやすい光や音、振動をそれぞれ目と耳と皮膚に同時に与えたとしても、音、振動、光の順で現れたように知覚されることになります。実際には存在しない時間差があるように体験されることになるのです。

普段の生活で、このような視覚における時間の遅れを感じることはないでしょう。とはいえ、私たちの知覚は、常に遅れていたり、タイミングがずれていたりするのです。目の前に現れた対象が、同時に見えたように感じたり、ある時間順序で見えているのは錯覚かもしれません。

刺激が提示されてからその知覚が成立するまでの時間は、知覚の神経回路の伝達時間や大脳での処理時間に関わっています。神経回路における伝達は個々の神経細胞膜におけるイオンチャンネルを介した物理的な現象に基づくものです。この伝達にかかる時間は、情報の伝達に関わる神経回路の長さに比例して長くなります。

人間よりも頭部が小さいサルであれば、網膜や内耳の蝸牛管のような感覚器から大脳の知覚領域までの神経細胞のユニットの数はそれほど変わらないと考えられます。しかしながら、頭部が小さければ、大脳までの情報伝達に関わる神経回路の長さは人間のそれよりもずいぶん短いものとなります。伝達距離が短いために、感覚器から大脳までの情報の伝達に必要とされる時間は、人間よりも短いものと考えられます。その上、大脳における処理も人間よりは単純かもしれません。そうなると、大脳における処理に要する時間も短くなることが推察されます。実際に、小型のサルのほうが人間よりも知覚の情報処理が速いことが生理学的研究によって確認されています。

先述したように、人間の場合、視覚の成立は、少なく見積もっても網膜に刺激が与えられてから0・1秒は遅れています。0・1秒という時間間隔は人間にとって十分知覚可能な時間の幅です。しかしながら、日常生活のなかで、このような知覚の遅れが認識されることはほとんどありません。このような知覚の遅れに関して普段の生活のなかで認知されないということは、知覚や認知過程における学習や補償などさまざまな過程によることだと考えられます。知覚や認知におけるこのような補償に関連して、ベンジャミン・リベットとその共同研究者は興味深い実験データを示しています[5)]。

彼は、大脳における触覚皮質を直接的に電極で刺激し、それによって生じる触覚的な体験と皮膚刺激によって得られる触覚的な体験との時間的な順序関係を調べる実験を行ないました。このように、大脳皮質を直接刺激するような実験は、通常は実施されることはありません。このような実験は、てんかんの発作の治療のために大脳皮質を露出する手術の際に実施されるのが一般的です。研究のためだけに、このような方法で実験が行なわれることはまずないと考えていいでしょう。

脳の触覚皮質を直接的に電気で刺激する実験において、リベットは興味深い結果を得ました。彼は、皮膚刺激を行なう0・2秒前に大脳皮質の刺激を行ないました。実際には大脳皮質に対する電気刺激が皮膚刺激に先行しているにもかかわらず、被験者は、大脳皮質の刺激によって生じた触覚的感覚より先に皮膚刺激のほうが生じたように感じたのです[5)]。つまり、物理的な刺激の順序と体験された刺激の順序が逆転したのです。この結果からは、私たちの通常の知覚過程には、皮膚感覚のように、知覚の時間的遅れを補償するような過程が介在していることがうかがわれます。

また、リベットは、頭皮に装着された電極を用いた筋運動の準備電位の測定に基づき、意識体験における時間特性についても興味深い実験結果を得ています。彼は、手首を動かすという自発的な行為に対する意思決定と、手首を動かすための準備電位との時間的関係を検討しました。この実験により、彼は、意思決定が行なわれるよりも0・4秒程度前の時点ですでに、実際に行なわれるであろう行為の準備電位が測定できること、実際に筋運動が生じるのは意思決定がなされてから約0・15秒程度後であることを見いだしました。

また、fMRIを用いた研究によると、意思決定するよりももっと前に脳がすべき行動を決めていることも示唆されています[6)]。この研究では、被験者は好きなタイミングで、右手か左手の指を動かすよう教示されていました。その結果、何と、実際に指を動かしはじめるより8秒も前にも前頭葉内側部の活動に変化が生じていることが見いだされたのです。リベットの研究を考慮すると、被験者本人が主観的に意思決定したと感じているのは、おそらく指の動きはじめるよりも0・1～0・2秒程度前のタイミングと考えられます。したがて、被験者本人が意識するよりもずいぶん前の時点で、すでに脳はすべき行動を決定し、その準備を行なっていることになります。

これらの結果は、人間の意思決定が、自ら意思決定したという自意識よりも前に無意識的に成立していることを示唆しています。このことは、私たちの意識体験に関するさまざまな方面で議論を引き起こしています。たとえば、私たちが体験している意識は私たちの行動について本当の決定権を持っておらず、意識されない本当の行動決定過程の随伴物でしかないことを示しているのかもしれません。

私たちの知覚体験に一定の遅れがあることはすでに述べました。このような知覚の遅れだけではなく、私たちの意識体験における時間的な特性自体は、実際の事象の時間的な特性を反映していないということなのかもしれません。それればかりか、私たちが自分自身の行動を意識的に決定しているわけではないということもうかがわれます。心のなかで起こる出来事の時間的な特性を調べることで、私たち自身の意識がどのようなものであるかという問題も提起されることになるのです。第1章でも、私たちの意志や意識が行動を決定しているのではなく、身体の運動の随伴現象でしかないという考え方について取り上げました。リベットが得たデータは、意識の身体活動への随伴性を主張するこのような考え方に、認知科学的な証拠を提供するものと見なされることもあります。

夏時間制度は身体に悪い？

私たち人間の生活はかつての生活に比べると格段に高速化しています。その裏には人間の高速化への欲求とそれに対応した科学技術の発展があります。

たとえば、移動手段はこの150年ほどの間に著しく高速化しています。筆者も、学会や研究会に参加するため、毎月のように新幹線や飛行機を使って仙台や福岡、山口に出張しています。さらに、1〜2回は国際線の飛行機を使ってアメリカやヨーロッパでの国際学会に参加する年が続いています。しかし、こういった移動の前後は、通常どおり、講義を行なったり、大学内での会議に出席したりしています。これだけの長距離の移動を日常生活のなかで、難なく実行することが可能になったのは、人類の歴史のなかで、ごく最近のことです。こういった長距離移動が日常化された生活が成立しているのは、技術の発展によって、電車や飛行機といった公共の交通機関で高速移動することが可能になったからに他なりません。

その先駆けは、19世紀のリバプールとマンチェスター間の蒸気機関車の旅客路線の開通でした。

旅客鉄道をはじめとした公共の交通機関の高速化がはじまるまでは、人間自身の走る速度が最速の移動速度だったことでしょう。例外的には、風力などを利用した船や馬を使うことができる人たちは、自分自身で走るよりも速く移動することが可能ではあったことでしょう。とはいえ、そのような高速移動の機会はごく一部の人に限られていました。また、バヌアツの通過儀礼だったバンジージャンプのように、高いところから落ちるとき、私たちの祖先でも時速40km程度の速度を体験したかもしれません。しかしながら、このような高速移動の体験はあくまでも非日常的な体験であったことでしょう。そうでなければ、高いところから飛び降りるということが成人の通過儀礼にはならなかったことでしょう。

自分自身の足で走る場合、どの程度の速度での移動になるのでしょうか。通常「世界最速」と呼ばれるのは、陸上競技の男子100m走のオリンピックチャンピオンや世界記録保持者です。このような短距離走の選手は10秒弱の時間で100mを駆け抜けることができます。男子100m走の世界記録は、2008年に開催された北京オリンピックでウサイン・ボルトが記録した9・69秒です。ゴールの直前に力を抜いたように見受けられたので、もしかしたら、ボルト本人によって近いうちに記録が更新されるかもしれません。とはいえ、更新の幅は数十ミリ秒程度となるのではないかと思います。他方、マラソンの世界記録は、ハイレ・ゲブレシラシエが２００８年9月のベルリンマラソンで出した2時間3分59秒です。こうした記録は、私たちが自分の身体の能力によって移動する際の限界に近いところにあると考えることができるでしょう。

１００ｍを9秒台で走るという世界最速の走行速度は平均すると時速約36㎞となります。マラソンの世界最速の走行速度は、平均で時速約20㎞となります。もちろん、１００ｍ走でもマラソンでも、トップスピードはこうした数字よりも速いに違いありません。とはいえ、私たちはそのトップスピードで走りつづけることはできません。

ところが、短距離走の選手やマラソン選手のような過酷なトレーニングをすることがなくても、また、走ることについて特別な才能がなくても、車さえ持っていれば、私たちは誰でも難なく時速40㎞の速度で何百㎞も走行することができるのです。日本では制限速度が時速40㎞に制限されている公道が多くあります。多くの有料道路や高速道路ではもっと速い速度が制限速度として設定されています。海外の場合、ドイツのアウトバーンは時速１８０㎞程度で走ることもあります。こうしたことを見渡すと、車での移動に慣れた多くの運転手にとっては40㎞という制限速度はそれほど速い速度とは感じられないものと推測されます。筆者自身も車で市街地を走る際、時速40㎞程度で走ることが多いのですが、特に速い速度とは感じません。ところが、この時速40㎞という速度はすでに私たちの肉体だけで可能な移動速度の限界をかなり超えているのです。これは、時速40㎞以上で車が走行している場合、運転している運転手だけではなく、助手席や後部座席の同乗者も、200年も前の自分たちの先祖が目にしたこともない速度で景色が行きすぎるのを見ているということを意味しています。同じように、多くの現代日本人が毎日の通勤電車の車窓から眺めている街の風景は、私たちの祖先が決して見ることがなかった速度で流れているのです。科学技術によって、わずか数世代の間に、これまでの地球上の環境における進化の過程では経験することのなかった速度での移動を誰もが手にすることが可能になったと言えます。

飛行機などを使って高速で長距離を移動することができるようになってから出てきた問題の一つに時差ぼけがあります。これは、高速で移動することにより、身体活動の周期的なパターンが移動先での生活パターンに合わないという問題です。

たとえば、日本で生活してきた人がニューヨークに行ったとしましょう。日本の標準時とニューヨークが使っている北米東部標準時の間には、通常14時間の時差があります。飛行機などを使って高速で移動した場合、身体は日本の1日の周期に合わせた活動をするため、ニューヨークでの1日の周期とは半日程度のズレがあることになります。

このような場合、すぐに現地の生活パターンに適応できるわけではありません。身体活動は日本の時間帯に合った周期的パターンを引きずっているので、ニューヨークで夜になってもあまり眠くなりません。その土地の時間で深夜に近くなったからといって無理にベッドに入っても簡単には寝つけませんし、入眠したとしてもなかなか熟睡できません。その結果、どうしても睡眠不足気味になってしまうのです。また、ニューヨークでの午後の時間帯は日本では未明の時間帯にあたります。この時間帯になると、ちょうど徹夜明けの午前中の時間帯のように、急に猛烈な睡魔に襲われることがあったりします。

この章の冒頭で、身体代謝のサーカディアンリズムの基礎となっている生物時計は日光を浴びることによって調整されることを紹介しました。実際、時差ぼけがあったとしても、現地での生活が数週間ほど続くと、その地での時計が示す時刻と身体周期とのズレはあまり気にならなくなります。特に、現地滞在中、昼の強い日光にあたったり、現地の時間に合わせて食事をするという生活パターンを繰り返すと、おそらくは生物時計が調整されるのでしょう。比較的早く現地の時間に身体活動の周期パターンが適応するようになります。

とはいえ、海外出張の場合には、日中は仕事をかかえているため、屋内にいなければならないかもしれません。このような場合、日光を浴びることで生物時計の調整を行なうことは容易ではないでしょう。また、現地での天候が不順だったりすると、日光を浴びるということもできません。現地の生活に適応するのにどの程度の時間がかかるのかということについては、もちろん個人差もありますが、生活パターンや環境によって大きく変動するものなのです。

たとえば、1週間ほど、海外の旅行先に滞在する場合、ある程度は現地での時間に適応することもできます。しかし、この程度の時間では完全に適応するのはむずかしいようです。1週間程度の滞在では、まだ夜にはなかなか寝つけなかったり、日中は不意に猛烈な睡魔に襲われることがあります。

筆者も学会や研究会に参加するためにほぼ毎年北米に行く機会があります。学会の口頭発表会場では、発表用のスライドを見やすくするために部屋を暗くしていますが、これが時差ぼけの身には非常に過酷な環境となります。とても興味のある研究発表があって、いつもより集中して聞いていたとしても、途中で急に眠気に襲われたりします。そのため、発表の一部について十分に理解できなくなることさえあります。

これは筆者だけの問題ではありません。北米での学会の場合、日本をはじめとしたアジア地域からの参加者が、特に午後の学会会場で居眠りをしているのを見かけることが多くあります。学会の口頭発表会場に来るまではおそらくはそれほど眠気も感じていなかったでしょうし、発表そのものに興味があるはずなのですが、椅子に座ってしばらく経つうちに、突然睡魔に襲われたのでしょう。身体が現地の時間に適応できないという問題はなかなか意志の力で克服できるものではありません。

当然、日本などのアジア地域で開かれる国際学会の場合、北米やヨーロッパからの参加者が同じような問題をかかえることになります。とはいえ、学会会場で居眠りをしている欧米の研究者はあまり見かけません。聞けば、だいたい彼らは学会の前後の期間、観光や研究の情報交換のためにしばらくアジア地域に滞在することが多いようです。どうやら、国際学会会場での日本人研究者の居眠りは、時差ぼけだけの問題ではなく、その学会の期間だけしか現地にとどまることができないという、時間的に余裕のない職場環境や出張制度にも原因がありそうです。せいぜい欧米諸国程度に時間に余裕のある学会出張ができるようになるとよいのにとしばしば思います。

ところで、人為的に時間をずらすと、軽い時差ぼけの状態を引き起こすことにもなります。

たとえば、北米やヨーロッパの高緯度地域で用いられている夏時間（デイ・ライト・セイビング・タイム）の制度がそれです。緯度の高い地域の夏には、朝早くから太陽が昇り、夜の時間帯まで明るいのです。そのため、夏の間標準時刻を1時間早くして、冬よりも速い時刻から仕事をはじめるという制度が用いられています。1時間のズレとはいえ、時間が切り替えられてから数日間から数週間程度は、切り替え前の生活パターンの感覚が残っていて、朝起きるのが大変だったり、夜なかなか寝つけなかったりすることがあります。また、毎年、時間の切り替えのたびに家中にあるいろいろな時計の切り替えをしなければならないのも大変です。

筆者自身、夏時間制度を取り入れているカナダのオンタリオ州トロントに1994年から3年間暮らしていました。毎年2回、このような時刻の切り替えがあるのは結構なストレスでした。当時の生活を思い出すと、夏時間がはじまると、長く厳しい冬が終わったことが実感できるのでとても嬉しかったものです。しかしながら、夏時間制度そのものに対してはあまりよい印象を持っていません。時間が切り替わる際、どうしても、生活パターンがギクシャクしてしまうのです。1~2週間のうちにゆっくり生活パターンを調整して新しい時間に慣れる必要があったように記憶しています。

また、筆者がカナダに住んでいた当時に比べると時計がついている身の回りの家電製品は確実に増えているように思います。その上、トロントに比べると、日本の社会には至る所に時計があり、しかもそれらが重要な役割を果たしています。それらをすべて年2回、調整しなければいけないということになると、切り替え後の数日間はさまざまなトラブルが生じることになりかねないように思います。自動的に暦を切り替えるような装置を作ることも可能でしょう（江戸時代の不定時法に合わせた機械時計よりはずいぶん単純な仕組みで済むでしょう）が。我々人間の生活リズムや身体の変動リズムはすぐに切り替わるわけではないので、身体的負担はどうしても生じてしまうことでしょう。このように、夏時間制度が時差ぼけを起こすことを考えると、健康管理上、その導入は賛同しかねます。

もし夏時間制度を日本でも取り入れるとなると、行政や一部企業が音頭をとるだけではなく、日本の社会全体でしっかりと時間をかけて準備をしなくてはならないでしょう。

時間に追われてしまうタイプAの性格

現代社会では、誰もが時計の時間として参照できる公共の時間に合わせて生活することを強いられています。特に、日本の都市生活においては、公共の交通機関や施設をはじめとして、時計の時間に対してかなり厳密に対応するように求められることが多くなっています。都市での生活では、一人ひとりの人間が、時を刻む大きな時計の一部になったかのように振る舞っています。現代の都市社会ではこうした生活パターンはごく当然のものと見なされています。しかし、このように時間に厳密な社会は、人類の歴史のなかではつい最近になって登場したもので、時間に厳密に行動するということは、人類にとってはとても特殊なものです。

人間の性格類型の一つに、時間に厳密であろうとする性格があります。一般的に「タイプA」と呼ばれている性格です。時間に対する厳密性を要求される現代において特徴的な性格と言えるかもしれません。このタイプの人は、いつでも時間に追われているように感じ、予定どおりに事が進まないとイライラしてしまいます。待たされることも苦手で、何もしない時間を過ごすことに罪悪感を感じます。また、限られた時間のなかでできるだけ多くのことをしようとします。たとえば、昼食の際にも仕事の資料に目を通していたりします。一定の期間に人よりも多くの仕事をやり遂げることを重視し、それが実現できると強い満足感を覚えます。何をするにも仕事優先、競争好きで、負けることが大嫌いです。タイプAは、時間への厳密性や単位時間あたりで成果を求められる現代の都市社会の生活があって初めて出現した性格類型かもしれません。

このタイプAという性格は、狭心症や心筋梗塞などの循環器系の疾患の発生と有意な関係があることが知られています。時間に厳密であろうとする生活態度や何もしない時間があるといらついてしまうことからストレスが生じ、それが彼らの循環器系のシステムを蝕んでいるのかもしれません。

ちなみに、このタイプAとは逆に時間的に無理をしない性格類型を「タイプB」と呼んでいます。このタイプBの人は食事の間も仕事をするなどということはしません。イライラとすることもなく、ゆっくりと食事やその間の会話などを楽しむことができます。能力以上に仕事をこなすことを自分に求めません。仕事よりも家族やプライベートを重視します。このタイプBの人は生活のなかでストレスを抱え込みにくいようです。タイプAの人に比べると、循環器系の疾患にかかる率はおよそ半分程度です。

タイプAとタイプB、あなたはどちらに近いでしょうか？　それぞれどちらがよいと一概に断定できるわけではないかもしれません。限られた時間のなかでできるだけ多くの成果を上げようとするタイプAのほうがタイプBよりも企業や雇い主にとっては望ましい人物像でしょう。とはいえ、この性格の人たちに特有の問題があることは知っておくべきでしょう。

時間の均質化と経済活動

人類は長い間地球の自転周期に対応して生活のリズムを整えてきました。夜中の月明かりや星の光では、さまざまな色彩を見分けることはできません。そのため、まだ若く、食べるのに適さない木の実やフルーツのなかからよく熟れて食べごろのものを眼で見て選び出すことができません。また、離れたところにいる獲物を見つけてそれを捕まえることもできません。逆に、遠くから自分に忍び寄ってくる捕食者を見つけてそれに備えることもできません。人間の眼は昼の明るい太陽光のもとで機能するように出来上がっているのです。

しかし、安定した照明技術を手に入れた今、もはや太陽の昇降や地球の自転の周期に生活のパターンを合わせる必要はありません。太陽が地平線の向こうに沈み夜が訪れても、蛍光灯や白熱灯の明かりのもとでさまざまな作業を続けることができます。このような現代においては、地球の自転に基づく昼間と夜間という時間の分節は、かつてほど人間の生活パターンに影響を与えなくなったのです。

24時間中、国内だけでなく海外のさまざまな市場からの情報を収集できたり、さらにインターネットなどを通してそれらの市場に介入することさえ可能です。実際、それに関連した経済活動も24時間いつでも行なわれることになります。そのような経済活動に携わっている人たちにとっては、その活動を自らの選択によって行なっている場合でも、会社や雇用主のような他者から強いられている場合でも、生活の場における朝や昼、夜といった時間帯は、もはやかつての私たちの祖先が見いだしていた意味を失っていることでしょう。つまり、それぞれの時間帯は、もともと持っていた意味を失い、均質なものへと変化してしまったと言えるでしょう。

現在の労働市場における給与体系もこの時間の均質化に寄与しています。多くの職場で、労働の対価として、1時間あたりの額の決まった報酬が支払われています。産業革命以来、このような給与体系が成立したのは、1時間であれば、それが午前中だろうが、午後だろうが、同じ価値であるという考え方があるからと言えます。もちろん、日中と深夜では、異なる時給を用いている職場も多くあると思います。しかし、これは、日中の1時間と深夜の1時間で価値が違うという考えに基づくのではなく、労働市場における需要と供給のバランスによって決まっていることでしょう。深夜でも働くことができる人の数が十分で、労働力を得るために日中と深夜で同じような需給バランスが保たれているのであれば、どの時間帯の時給も均一になることは容易に想像できます。

このように、現在の経済活動のグローバル化や給与体系は、個々人における時間の均質化を押し進める機能を果たしています。しかし、いくら経済活動が365日24時間ずっと可能であっても、人間には睡眠などの休息が必要です。仮に、1日の周期に関係なく起きつづけているということができたとしても、それは人間の心身の状況としては問題があり、健康な状態を維持するのが困難になることもあり得ます。睡眠障害は昼間の活動における失敗を引き起こすだけではなく、鬱や代謝異常といった心身の問題へと発展していく危険性をはらんでいるのです。

時間は人間の道具にすぎない

第1章でも見たとおり、年や日、時、秒といった時間の長さの単位や協定世界時はこの宇宙の物理的な特性から導かれたわけではありません。それらは、あくまでも私たち人間がこの地球という天の川銀河の太陽系第3惑星上で生活するために作り出し、社会的な協定に基づいて利用しているものです。

時間を空間とともに意味があるものにしているのは、私たち人間自身の体験の基本構造のほうであって、宇宙の物理的特性ではありません。自然への適応や農耕、社会生活における個々人の間の行動を調整するために、時計の時間というものを創作し、利用しているのです。時計の時間とは、道具としての時計と同じように人間の発明品です。

人間の作り出したこの時計の時間に合わせて生活することで、人間の側に不都合が生じるとしたら、それは道具の使い方が悪いということになるでしょう。認知心理学的な視点からの道具やシステムの使用における問題について検討してきたドナルド・ノーマンが数々の著書で指摘していることですが、どのような道具においても、道具の使われ方や道具自体の出来上がり方が人間の知覚認知的な特性や心身の特性に合っていなければ、その不適合がさまざまな問題を生み出してしまうことになります[7)]。まったく同じことを時計の時間についても指摘することができると思います。道具に人間を合わせるのではなく、人間側の諸制約を理解し、それに合わせて道具の使い方を変えたり、道具を作り替えたりするのが、道具としての時間とのあるべき接し方と言えるでしょう。

ところが、現実には、人間のほうを道具に合わせるようなことが行なわれているように思います。人間と時間とのこのような関係をなんとか適切なものにできないのでしょうか。道具としての時間の使いこなし方については、この本の最終章で取り上げることにします。

第2章（28ページ）を読むのにかかると予想される時間	時間
実際にかかった時間	時間

第3章
心の時間の特性

心の時間は伸縮する

前章でも紹介したように、人間は1日の周期に対応した身体的活動性のリズムであるサーカディアンリズムを持っています。両眼の奥、視床下部にある視交叉上核と呼ばれる部分に、このような1日周期の身体活動のリズムを司る器官があると考えられており、その器官が生物時計と呼ばれているということはすでに紹介したとおりです。

この生物時計とはまた別に、時間の長さについての知覚の基礎となる過程が身体のどこかにあると考えられています。この過程は「内的時計」と呼ばれています。心の時間に関する多くの心理学的研究がこの内的時計の特性を検討する形で行なわれてきました。とはいえ、これまでのところ、私たちの時間の知覚の基礎となるような内的時計の役割を果たしている部位が特定されているわけではありません。内的時計は、感じられる時間の特性を理解するために想定された「仮説構成体」と見ることもできます。その点では、視交叉上核という脳内部位が特定されている生物時計に比べると、内的時計の理解はまだこれからの検討が必要な研究課題であると言えるでしょう。

感じられる時間の特性について取り扱っている科学的分野は、知覚や認知に関する実験心理学です。内的時計も、感じられる時間の特性を理解するために、心理学的研究のなかで想定されたものなのです。この実験心理学が明らかにしてきた心の時間は、どこでも誰にとっても一様に進むことが想定されている時計の時間とはずいぶん異なる特性を持っています。たとえば、物理的には同じ1分間という長さの時間であっても、人によって感じられる時間の長さは異なることが多いのです。また、人と人の間で違うばかりではなく、同じ個人であっても感じられる時間の長さは一定ではありません。誰しも経験があるように、同じ1分、1時間、1日が長く感じられたり、あっという間に経ったと感じることがあります。たとえば、休日に自宅で過ごす1日と学校や会社で過ごす1日の長さが違うように感じられるという経験は、誰もが持っているのではないかと思います。このような感じられる時間の長さの違いはどのようにして生じるのでしょうか？

実験心理学では、感じられる時間の長さの特性やそれに影響をおよぼす要因の特定は「時間評価」の問題として取り扱っています。つまり、特定の時間の長さをどの程度の長さとして見積もる（評価する）かという問題です。

感じられる時間の長さに影響をおよぼすいくつかの要因のうち、まず重要な要因は、実際に経過した物理的時間です。その他の要因、たとえば身体的代謝、時間経過に関する注意、認識されるイベントの数、感情の状態、他の知覚様相における刺激強度といったような要因も感じられる時間の長さに影響をおよぼすことが知られています。しかし、こうしたさまざまな要因が一定に保たれている場合、実際に経過した時間が長ければ長いほど、より長い時間が体験されます。時間知覚には視覚にとっての眼、聴覚にとっての耳、嗅覚にとっての鼻、味覚にとっての舌、触覚にとっての皮膚のような固有の受容器がありませんが、それでも物理的に経過した時間の長さに対応した時間の知覚が成立するということは、私たちの時間感覚が内的な過程の状態だけで決まるのではなく、ちゃんと物理的な経過時間に対応して決定されていることを意味しています。

ところが、さまざまな要因によって、物理的時間がより長く（短く）ても、感じられる時間はより短く（長く）なることがあります。これまでの研究の成果に基づき、そうした要因のうちの主なものとして、実験心理学者の松田[1)]は、身体的代謝、心的活性度、時間経過への注意、他の知覚様相などをあげて、主観的に感じられる時間の長さの決定過程に関して「4要因モデル」を提案しています。感じられる時間の長さがここにあげた四つの要因の乗法（かけ算）結合によって決められるというモデルです。実際にこのモデルが感じられる時間の長さを説明するために、それぞれの要因が具体的にどのような値によって代表されるべきかはまだ明らかにされているわけではありません。とはいえ、こうした要因が乗法的に感じられる時間に影響をおよぼすという仮説は、現時点での心的時間の理解をよく反映したものだと思います。

なお、これまでの研究が示すところでは、身体的代謝、心的活性度、時間経過への注意、他の知覚様相における刺激強度といった要因は、何か単独の原理があって、それがいくつかの要因を介して感じられる時間と対応しているということではないようです。むしろ、それぞれの要因が独立に感じられる時間に影響をおよぼしているようです。もっとも、こうした要因の間に相乗効果があるのか、あるいは感じられる時間への効果において相互に加算・減算的な関係にあるのか、あるいは乗算・除算的関係にあるのかといった詳細な問題に関してはまだほとんど調べられていません。現時点で明確にわかっているのは、こうした要因がそれぞれ単独で時間評価に影響をおよぼしているということです。要因の間の相乗効果がどのようなものであるのかについては今後の研究にゆだねることとして、この章では、感じられる時間にさまざまな要因がどのように対応しているのか見ていくことにします。

子供の時間と大人の時間

物理的には同じ長さの時間のはずなのに、感じられる時間の長さがずいぶん違って感じるということの代表的な例に、1年とか、1週間とかという特定の長さの時間に対して子供のころに感じていた長さと、大人になってから感じる時間の長さの違いがあります。実際に、年を取ると1ヶ月や1年が速く経つと感じておられる読者が多いのではないでしょうか？心理学的研究においても、早い時期から、年を取ると時間の長さの感じ方が異なるということが指摘されています。

たとえば、フランスの哲学者のポール・ジャネーとその甥で心理学者のピエール・ジャネーは、感じられる時間の長さは年齢と反比例的関係にあるという仮説を立てています[2)]。一般的に「ジャネーの法則」として知られているものです。

同じ1年という長さの時間であっても、10歳の子供にとっては人生の10分の1ですが、60歳の人にとってみれば、60分の1となります。つまり、同じ1年であっても、それまでに生きてきた時間の長さとの比は、大人のほうが子供よりも小さいことになります。年齢に対する比が小さいほど時間が短く感じられるので、加齢によって時間が短く感じられることになるだろう、というのがジャネーらの考えのかいつまんだ説明になります。

この仮説自体はさまざまなところで紹介されているようです。また、実年齢（たとえば60歳）を分母とし、評定の対象となる時間の長さ（たとえば1年）を分子として、この分母と分子との量的な関係に基づいて大人と子供の時間の感じ方の違いについて論じている人は少なからずいます。ジャネーの法則と同じように、分母にあたる時間の長さが大きいほど、分子にあたる時間の長さが相対的に小さくなるという論理です。

ただし、このジャネーの法則をはじめ、年齢との比による感じられる時間の長さの変化についての説明にはいくつかの重大な問題があります。前述したように、同じ個人であっても、いろいろな要因によって感じられる時間の長さは変わってしまいますが、実は同じ年齢であっても、人によって、時間の感じ方の変化の大きさは異なります。また、年齢に対応した感じる時間の長さの変化の大きさは、ジャネーの法則が仮定しているような反比例的な関係よりも緩やかです。つまり、ジャネーの法則は、年齢と時間の長さの感じ方の対応関係を必ずしも言い当てていないことになります。

こうした「法則」と実際の測定結果とのズレは、仮説をどのように修正していけば、小さくすることができるのでしょうか？　今後に行なう測定の結果の予測の精度を上げたり、感じられる時間の長さについて正確に説明するためにはどのような工夫をすればよいのでしょうか？　心の時間に関するこうした重要な問題の解決のためにジャネーの法則から得られるところはあまりありません。なぜなら、年齢と時間の感じ方との対応関係がどのような機構に基づいて成立しているのかについて、この仮説では何も具体的に特定されていないからです。そのため、心の時間についてよりよく理解したいと思っても、それに対してどのようにアプローチすればいいのか、何を解明すればいいのか、この仮説は何も指示してくれません。また、さまざまな場面において感じられる時間の長さを予測したり、あるいは意図どおりに操作したりするということについても、この仮説から適切な方法を導き出すことができません。説明や操作の精度の向上につながらないような仮説は、実際の研究の現場ではあまり重要視されることはありません。

こうした問題もあり、現代ではこのジャネーの法則は科学的な法則とは見なされていません。むしろ、時間の長さの感じ方に影響をおよぼす要因を実験などの方法に基づいて見つけ、時間の長さの感じ方とそうした要因との対応にある規則性を見いだし、その要因の効果の基礎にあるメカニズムを特定することから、前述したような問題の答えを検討したり、感じられる時間についての予測や操作の精度を上げたりすることが試みられています。

これまでに行なわれてきたこうした研究によって、特に効果が大きいと考えられている要因が、身体的代謝、心的活性度、時間経過への注意、他の知覚様相における刺激です。また、これらの要因に加えて、体験される出来事の数や生活環境も効果の大きい要因です。

なお、時間についての概念的な特性も大人と子供とで異なっていることが指摘されています。たとえば、学齢期以前の子供においては、一定の距離を進む際に、速く動くものほど目的地への到着までに時間がかかるという、論理的には成立しないパラドクシカルな認知がなされているようです[3)]。同じ距離を移動する際、速度と移動に必要となる時間とは本来は反比例関係にあるはずです。したがって、実際には、速く動くものほど目的地への到着には時間がかからないはずです。しかしながら、学齢期以前の子供は、速度と目的地までの移動に必要となる時間とは比例関係にあるように認識するのです。

心の時間がゆっくりだと時計の時間はすぐ過ぎる

人間の時間感覚を決めるような過程が身体のどこかにあって、感じられる時間の長さや速度は、実際の時計のように時を刻む内的時計の進み方によって決まっているという考え方は、時計という道具が広く使われるようになって以降に出来上がってきた概念です[4]。そうした考え方が一般的になってきたのは、おそらく今世紀に入ってからのことだと考えられます。

現代では、時間の進み方や時間の長さの感覚も、この時を刻む内的過程に基づくと考える研究者は少なくありません。前述したように、この内的な過程は内的時計と呼ばれていて、脳などの身体のどこかの部位で実現されていると考えられています[5]。内的時計が身体のどこかにある過程だとすると、その進み方が身体の代謝と連動するということはそれほど意外なことではないでしょう。

実際に、身体の代謝は時間評価に大きな影響をおよぼします。この要因については、実際に経過した時間と感じられる時間との関係は、道具としての時計と内的時計の進み方の違いとして考えると理解しやすいでしょう。つまり、内的時計は、身体の代謝が激しい状態では速く進み、逆に身体の活動が低迷している状態ではゆっくり進みます。これに対して、道具としての時計、あるいはそれによって計測される時計の時間は、時計の性能として要求されているとおり、一定の速度で進みます。たとえば、道具としての時計で1分間経っているのに、内的時計の進み方がゆっくりで、45秒しか経っていなかったとします。この時、1分間経ったと聞かされると、「もう1分!?」と驚くことになります。他方、内的時計が1分15秒まで達していた場合、道具としての時計が示しているのが1分ということを知らされると、「まだ1分!?」と驚くことになります。

この時、内的時計の進み方と時計の時間の進み方がちょうど逆の対応関係にあることに注意していただいたほうがよいでしょう。つまり、内的時計がゆっくり進むときに時計の時間が速く過ぎ去るように感じ、時間の長さが短いように感じることになるのです。逆に、内的時計が速く進むときに時計の時間がゆっくりと過ぎるように感じ、時間の長さが長いように感じるということになります。この対応関係については、大学の講義でも教えていますが、毎年、混乱する学生がいます。少しややこしいかもしれませんが、内的時計がゆっくり進むほど、時計の時間は速く経つように感じられるという対応関係を理解していただければと思います。

このように、身体の代謝は感じられる時間の速さや長さに影響します。しかし、代謝は常に一定ではありません。たとえば、身体的代謝は1日のうちで周期的に変動します。すでに述べたように、朝、起床したばかりの時間帯の代謝は低調です。起床してから時間が進むにつれて身体の代謝は盛んになり、夕方の時間のあたりでピークに達します。その後、徐々に低下し、深夜ごろに最も低い状態になります。それに応じて、体温や心拍、血圧なども1日のうちに周期的に変動します。このような身体代謝のリズムと、それぞれの時間帯における時間評価の傾向とはおおよそ対応していることが知られています。すなわち、朝の時間帯の間は内的時計はゆっくりと進み、午後にピークを迎え、次第にゆっくり進行するようになるのです。内的時間と体温との間に強い相関関係にあることを示す研究もあり[6]、身体代謝が時間評価と何らかの対応関係にあるという考え方を支持しています。

筆者も、1日のうちで時間の長さが大きく変わることをしばしば体験しています。たとえば、毎朝、比較的早めに起床するのですが、食事をしたり身繕いしたりしているうちに思いのほか時間が過ぎていることに気づき、大慌てすることがあります。朝は思いのほか速く時間が過ぎるように感じるのです。ところが、昼間の時間帯にはこのような経験はあまりありません。読者の皆さんのなかにも筆者と似たような経験をされている方がおられるのではないでしょうか？

病気などで発熱した場合、身体的代謝は平熱時より激しい状態にあります。この場合も、内的時計は実際の時計よりも速く進行することになります。そのため、発熱しているときには平熱時よりも時間がゆっくり進むように感じられます。たとえば、筆者自身も風邪などを引いて発熱した際に、時間がなかなか経たないように感じたり、いつもは速いテンポだと感じる曲が、思いのほかゆっくりしたペースに聞こえたりした経験があります。病気で発熱した際に、寝床でなかなか寝付けず、そろそろ夜が明けるのではないかと思って時計を見たらまだ寝床についてから1時間程度しか経っていなかったということもしばしば経験します。アメリカの生理心理学者ホグランドは、インフルエンザにかかった自分の妻に時間評価課題をしてもらい、体温が36・1度から39・5度まで上昇した際に、主観的な1分間が52・0秒から37・5秒まで短縮されたことを報告しています[7)]。

また、運動や入浴などによって身体の代謝の状態を高めた場合にも、時間の長さは通常よりも長く感じられることになります。たとえば、運動を行なうことで身体的代謝をあげた場合、安静時よりも時間を長く感じることになります。実験に基づくこうした発見も身体代謝が時間評価に影響をおよぼしているという考え方を支持しています。

発熱や運動によって、身体的代謝やそれに対応した心拍や呼吸のペースは変動しますが、人間と動物との間でも身体的代謝や心拍や呼吸のペースは異なります。人間と同じ哺乳動物であっても、一般的に身体の小さな種のほうが、心拍や呼吸のペースは速いのです。たとえば、1分間あたりの心拍は人間ではおよそ70回であるのに対し、身体の小さなハツカネズミでは約600回で身体の大きなインドゾウは約20回です。したがって、体重1gあたりの組織が1時間内で消費するエネルギーは、身体が小さな動物であるほど多いことになります。これは、身体が大きい動物ほど、同じ大きさの組織の燃費が低いことを意味しています。このことは、各種の動物の寿命を決定する要因と関連しているようで、寿命は各動物の体重の1／4乗と比例しています。本川達雄氏の『ゾウの時間、ネズミの時間』でも説明されているように、野生状態にある哺乳動物であれば、身体の大きさに限らず、心拍の総数がおおよそ20億回程度になったところで寿命になると言われています[8)]。

同じ大きさの組織の燃費が高いこともあって、身体の小さい動物のほうが、身体運動の小回りが利きます。たとえば、人間だと1秒間では1～2歩しか足を進められませんが、ネズミは1秒間に何歩も手足を動かすことができます。逆に、象のように大きな動物であれば、

1歩に1秒以上かかってしまうこともあります。短い時間で多くの動作ができるということは、短い時間のうちにできる心的な活動も多くなると推測できるでしょう。こうしたことから、身体が大きくなるにつれて、心の時間の進み方もゆっくりになるのではないか、またネズミのように小さな動物であっても、その短い一生の間に人間が一生のうちに経験するのと同じ程度の量の心的な経験をしているのではないかということが想像できます。そう思ってちょこまかと動くネズミなどを見ると、親近感が強くなるかもしれません。とはいえ、実際にネズミの心の時間が人間の心の時間よりも速く進んでいるのかどうかを科学的手法によって確認するのはむずかしい問題です。そのため、このことについてはおそらくはまだ誰もちゃんとした科学的方法では調べていないと思います。

前述したように、身体的代謝は感じられる時間の速さと長さに影響しますが、身体的な動作のペースも時間評価に影響をおよぼすことが知られています。たとえば、通常よりも速いペースで歩くと、時間を短く見積もります。逆に、通常より遅いペースで歩くと、時間を長く見積もります[9)]。通常よりもゆっくりとしたペースで作業をした場合にも、同じような傾向があることが報告されています。身体の動作のペースによって、感じられる時間の基礎にある内的な時計のペースも変調されるのかもしれません。

子供と大人の時間の感じ方の違いについて、身体の代謝の変化も影響をおよぼしていると考えられています。子供と大人を比べてみると、子供のほうが大人よりも身体的代謝が盛んです。加齢にともなって次第に身体的代謝は低下するものなのです。一般的には、大人よりも子供のほうが体温は高いのですが、これも子供のほうが大人よりも身体の代謝が盛んであることの反映です。内的時計の進み方は身体的代謝と対応しているために、加齢にともなう身体的代謝の低下は子供と大人の時間の長さの感じ方に影響をおよぼすものと考えられています。また、ネズミと人間ほどの違いはないにしても、大人と比べると子供はちょこまかと動き回ります。そういう子供の姿を見ていると、内的時計がよく動くために、大人よりも感じられる時間が長く感じているということも理解しやすくなるのではないでしょうか。

なお、薬物によっても身体的代謝が変りますが、それによって感じられる時間の長さが影響を受けることも知られています[10)]。たとえば、コーヒーや緑茶などに含まれているカフェインには興奮作用があります。カフェインを摂取すると、時間をより長く感じることにつながります。ゆったりと落ち着きたいときにカフェインを含むコーヒーなどを飲むということには、時間の流れをゆっくりと感じるようになるカフェインの効果が関係しているのかもしれません。一方、鎮静剤は、時間を通常より短く感じることにつながります。

恐怖は時間を長くする？

最近、感情の状態が知覚や認知の過程に大きな影響をおよぼすことが注目されています[11]。感情は、知覚や認知と独立の過程ではなく、むしろ知覚や認知の成立のために重要な役割を果たしているらしいのです。時間の長さの知覚も例外ではなく、感情の状態によって大きく影響を受けます。

感情状態が感じられる時間におよぼす効果に関しては、たとえば強い恐怖は時間を過大に評価させる傾向があることが知られています。蜘蛛恐怖症の人と、蜘蛛に対して特に恐怖を感じない人に蜘蛛と同じ空間のなかで過ごしてもらい、その間に感じられた時間の長さを測定するという実験が行なわれたことがあります[12]。この実験では、蜘蛛を提示された蜘蛛恐怖症の人が時間の長さに対して行なった評価は、蜘蛛に対して恐怖を感じない人が行なった評価よりも長くなることが示されました。

交通事故などのように強い恐怖や緊張を生じる事態に遭遇したとき、目の前の出来事があたかもスローモーションのように見えたという報告が得られることがあります。極度の恐怖は内的時計の進み方を速め、感じられる時間を間延びさせる効果があるのかもしれません。

実際、交通事故の際のように極度の恐怖を感じる状況を実験的に作り出すEaglemanたちの研究でも、心の時間のほうが時計の時間よりも速く進行することが示されています[13)]。この実験では、高いところから飛び降りさせるバンジージャンプで二人の被験者に強い恐怖感を引き起こさせました。落下中に、手首に装着した液晶ディスプレーに高速でポジネガ反転する文字を被験者に観察させたのです。その結果、普段であれば見えないほど素早く反転する文字を提示しても、落下中の観察者にはその文字が見えたことが見いだされたということです。この時の被験者においては、普段よりも速く視覚的な情報処理がなされており、心の時間の解像度が高くなっていたものと考えられます。また、この心の時間の解像度の上昇が、目の前の出来事がスローモーションのように見えていたことに寄与している可能性も考えられます。恐怖や緊張などの強い感情的な反応によって内的時計の進み方が極端に速められ、その結果として心の時間の解像度が高くなるとしたら、それは心の時間の特性として非常に興味深いことでしょう。

ただし、同じ研究者のグループによるその後の研究で、研究グループ以外から被験者を募った場合、バンジージャンプで落下中の心の時間の解像度が上昇するという結果は認められなかったようです[14)]。この実験では、実験の目的を知らない19人に、実験に参加してもらい、バンジージャンプで落下するまでの時間の長さを評定してもらいました。加えて、手首に装着したディスプレー中にいろいろな速さでポジネガが反転する文字を答えてもらいました。この実験の結果、飛び降りている最中の時間は、19人の平均で36％程度長く評定されたということです。ところが、落下中に見えた文字のポジネガ反転の速度は、まったく恐怖を感じない状態で文字が見えたポジネガ反転の速度と違いが認められませんでした。この結果から、飛び降りている最中の時間の長さが過大評価されたのは、心の時間が速く進んだからではなく、恐怖体験によってその経過時間についての記憶が変容されたのだと結論されています。どうやら、強い感情によって心の時間の解像度が細かくなるということは、誰にも起こることではないようです。

当初、同じ研究グループによって見いだされていた強い恐怖感情によって心の時間の解像度が上昇するということは、被験者が実験に慣れていないと出にくい効果なのかもしれません。あるいは、最初の実験における測定が、実験者自身の期待によって影響を受けていたのかもしれません。また、バンジージャンプは強い恐怖を感じる行為だとしても、将来の予測はつきます。また、落下中に何かをしようとも思えないことでしょう。これは、交通事故のように、目の前の出来事をスローモーションのように感じさせる状況とは大きく異なる点でもあります。この違いが心の時間の解像度の上昇が見出されなかった原因かもしれません。どのような状態で、あるいはどのような人において強い感情が心の時間の解像度をあげることができるのでしょうか？　この問いに対する答えを得るには、今後の研究によるさらなる検討が待たれるところです。

このように、強い感情、特に恐怖は時間の長さを過大に評価させる効果があります。思えば、子供のころは実にたわいないことにおびえたり怖がったりするものです。筆者自身、たとえば、暗くなってからどこからともなく聞こえてくる山鳥の鳴き声や寝室の天井にある人の顔のように見えるシミ、夜中の廊下の暗がり、暗くなってからの小学校の校舎など、とても不気味で、言い知れぬ恐怖を感じたものです。ところが、今では、未明まで大学の研究棟で仕事をしていてもあの不気味さを感じることはありません。小学校や中学校と同じように、大学にもさまざまな怪談めいたエピソード、都市伝説はあるのですが、だからといって、夜遅くに研究室で仕事をするのが怖いと感じるようなことはありません。歳を重ねるにつれ、日常生活の裏側にある異界に対する想像力が失われてしまったのかもしれません。恐怖心だけではなく、多くの感情に関して、大人よりも子供のほうが起伏が大きいことでしょう。もしかしたら、子供の時代の豊かな感情も、大人に比べると時間を長く感じるということに寄与しているのかもしれません。

パソコン作業は時間を短くする

注意は、それ自体で時間の長さの知覚に影響をおよぼすことが知られています。すなわち、時間の経過への注意も時間評価に影響をおよぼす心的要因なのです。同じ時間の長さであっても、時間の経過に注意を向けるか向けないかによって感じられる時間の長さは大きく変わります。

つまり、時間の経過に注意が向けられる頻度が高いほど、同じ時間がより長く感じられます。たとえば、退屈な会議で、その会議が早く終わらないかと時間の経過を気にしつつ時計にしばしば注意が向く場合などは、感じられる時間に対して注意が効果をおよぼす典型的な状況です。このような場合、時間がなかなか経たないように感じられます。それとは対照的に、時間の経過に注意を向ける暇もなく会議での議論に熱中している場合や報告に集中している場合は、思ったよりもずいぶん速く時間が経ったように感じられることと思います。同じ会議に出席していても、その会議にどのように参加するか、どのように関わるかによって、その会議中に感じられる時間の長さはずいぶんと変わってしまうのです。

何もすることがなかったり、意識的に注意を向けることを必要としない簡単な作業に取り組んでいたりする場合、自然と時間の経過に注意が向けられやすくなります。一方、意識を集中しなければいけないことがある場合、時間の経過にはあまり注意が向けられなくなります。なぜこのようなことが起こるのでしょうか？

多くの心理学的研究が指摘していることは、私たち人間の注意の容量は有限であるということです。つまり、私たちは同時に多数の事柄に注意を向けることはできません。たとえば、目の前でランダムに動き回るような対象、たとえばボールとか人を観察する場合、通常四つ程度までの対象であれば同時に注意を向けてそれぞれがどのように動き回るかを追いかけることができます。しかし、追いかけるべき対象が五つを超えると、とたんに注意を向けて追いかけることがむずかしくなります。このように、一度に注意を向けることができる対象の数に制限があるのは、私たちの注意の容量が有限であるからだと考えられています。

車の運転中にドライバーが携帯電話で話をしていると、とっさの判断が遅れたり、視野のなかに現れたものを見落としたりすることも、注意の容量が有限であることが関わっていると考えられています。この場合、ドライバーは、運転だけではなく会話にも注意を向けることになります。実は、会話はとても多くの注意を必要とする認知的課題です。その証拠に、何か別の作業、たとえば読書などをしながら会話することがむずかしいことは多くの読者が経験できることだと思います。つまり、ドライバーがハンズフリーの状態で携帯電話で会話したり、助手席や後部座席に座っている人と会話していても、多くの注意容量が会話に向けられることになるので、やはり視覚における判断の遅れや高い頻度での見落としが生じることになります[15)]。

このように、私たちの注意の容量は有限なので、目の前に強く注意を引きつけられる対象があると、その時には他の事柄に注意を向ける頻度が減ることになります。当然のことながら、目の前に何か注意を引きつける対象があると、時間経過に対して注意が向けられなかったり、向けられる頻度が減ったりすることになります。したがって、注意を引きつけるような対象を観察したり、注意を向けて取り組まなければいけない作業を遂行する場合には、時間経過に対して注意が向けられる頻度が抑えられることを意味します。このような場合、時間はずいぶん速く経過するように感じられることが多くの研究によって示されています。

たとえば、無意味な綴りや文章を読んだり、より多くの注意を必要とするような課題に取り組む場合には時間が短く感じられます[16)]。カード分類や復唱課題（実験者が言ったことを繰り返すという課題で、多くの注意容量を必要とします）などを用いた研究において、より多くの注意を向ける必要がある課題のほうが、あまり注意を向けなくてもできる課題よりも解決に要した時間が短く感じられます[17)]。

また、仕事などしているとき、時間の経過に対して注意を向きやすいかどうかによって感じられる時間の長さが異なることが知られています。たとえば、ネットサーフィンのように次々と目標を設定してネット上でのリンクをたどっていくような作業では、時間の経過に注意が向きにくくなります。別のサイトへのリンクをたどる際、アイコンのクリックのような操作を加えてからリンク先にたどり着くまで少なくとも数秒程度の待ち時間があることと関連しているようです。目的となるサイトが決まっている場合、この待ち時間が実際よりもずいぶん短く評価されているようなのです。そのため、ネットサーフィンをしている時間の長さが極端に過小評価されることになります。ネットサーフィンだけではなく、操作を加えてから同じ程度の待ち時間を必要とするような場合にも同様な効果があるようです。そのため、パソコンを使って作業を行なう場合、ついついいつまでも作業を続けてしまい、仕事に費やす時間が長めになりがちになることが指摘されています[18]。

注意の向け方は、実験で用いられる測定の仕方による感じられる時間の長さの違いを引き起こすことも指摘されています。たとえば、時間の長さの評価を行なう際に、あらかじめ時間評価を行なうつもりでその時間を過ごす場合のように、予期的に時間評価を行なう場合と、過去のことを思い出す形で追想的に時間評価を行なう場合とでは、前者のほうが長い時間が報告される傾向があることが知られています。これは、予期的な時間評価においては、経過時間に対して注意が向けられやすくなることによると考えられています[19]。つまり、時間の評価を行なわされることを知らされている場合と、そのことを知らされていない場合を比べると、どうしても時間経過に注意が向けられることになってしまうでしょう。それに対し、追想的な時間評価に関しては、評価の対象となる時間を過ごしている間、時間の経過について特別な注意を向けるような手続きではありません。そのため、時間経過について特別に注意が向けられるわけではないでしょう。他の方法を使って時間の長さを評価する場合でも、時間経過に注意を向けさせると、一般的に感じられる時間が長めになることが知られています。

この時間経過に対する注意の要因を利用して、感じられる時間を操作する試みも多く行なわれています。たとえば、病院では待合室に雑誌が置いてあったり、テレビやラジオ放送が流れていたりします。こうしたことに注意を向けることにより、時間経過に注意が向きにくくなります。その結果として、待ち時間は短く感じられることになります。また、テーマパークのアトラクションでは会場に入るまでに長い行列ができることがあります。そのような場合、行列に並んでいる人の前でアトラクションの登場人物が前座のようなパフォーマンスを行なったり、会場に入るための注意事項の説明があったり、乗り物に乗り込むためのさまざまな準備が行なわれたりすると、その間の待ち時間は短く感じられることになります。

計算や図形の操作などの認知的課題を行なう際、その間の時間は短く感じられます。この傾向は、特に取り組んでいる認知的課題がむずかしい場合ほど顕著になります。この要因も、時間経過に対する注意の要因によって説明できるかもしれません。つまり、問題を解くことに意識を集中した場合、時間経過に対して向けられる注意の頻度は少なくなることでしょう。むずかしい問題に取り組む場合ほど、多くの注意を向けて課題に取り組む必要があることになります。そうなると、むずかしい問題に取り組んでいる場合ほど時間を短く感じるという傾向と一致することになります。

なお、この時間経過に対する注意の要因を用いることで楽しい時間を長くすることはむずかしいと思われます。楽しいことをしているときは、とあることに集中しているために楽しいのであり、その間に時間経過に注意を向けるようなことをすると、楽しみが損なわれてしまいかねません。どうやら、楽しい時間を長く感じさせるためには他の要因の操作を考える必要があるようです。楽しい時間を長く感じるための方法については第5章でも触れることにします。

時間経過に対する注意の向け方も、子供と大人の時間の感じ方の違いに寄与しているものと考えられます。子供には、幼稚園や学校などにおいて、心待ちにするようなイベントが比較的多いものです。運動会や遠足、誕生会など、待ち遠しい行事が定期的に用意されています。待ち遠しいということは、つまり、時間経過に注意が向きやすいということでもありますので時間の長さが長く感じられるものと予測されます。他方、大人の場合、さまざまな行事があったとしても、多くの場合、それはルーチンワークとなってしまっています。いろいろな行事があったとしても、それはもはや待ち遠しさを感じさせるものではないとしたら、それは時間を長く感じさせることにはならないでしょう。

広い部屋で過ごす時間は長くなる

視覚や聴覚、触覚におけるさまざまな刺激の条件によって、その刺激を受けている間に感じられる時間の長さが影響を受けることが知られています。時間知覚以外の知覚様相における刺激も時間の長さについての評価に影響をおよぼす要因だからです。たとえば、より大きな視覚刺激が提示された時間は小さな刺激が提示された時間よりも長く感じられます[20)]。大きさの錯視を使った研究により、刺激の物理的大きさが同じでも、見かけの大きさに比例してその観察時間が長く感じられることがわかっています[21)]。また、音刺激の提示頻度が高いほど、その音が鳴っていた時間はより長く感じられます。つまり、視覚においても、聴覚においてもより大という知覚が生じるような刺激があると、その間の時間も長く評価されやすいのです。この傾向は特に子供において顕著に見られることが知られています。

これは複数の知覚様相の間の交互作用と考えることができるでしょう。実は、他の知覚様相から影響を受けるということは時間知覚に限った特性ではありません。最近の数多くの研究によって視覚、聴覚、触覚の間ではお互いに影響をおよぼし合っていることが知られています。

たとえば、大脳皮質におけるいわゆる視覚野の多くの細胞は、聴覚野の細胞と直接的にコネクトしていることがサルの脳についての研究によって示されています[22)]。これまで、後頭葉の視覚皮質にある脳細胞はもっぱら視覚情報の処理に携わっており、側頭葉のいわゆる聴覚皮質の脳細胞はもっぱら聴覚情報の処理に携わっていると考えられてきました。ところが、視覚皮質の脳細胞の多くは聴覚刺激によっても興奮するし、聴覚皮質の多くの細胞も視覚刺激によって興奮するのです。このような発見に基づいて考えると視覚野、聴覚野という名称は、必ずしも視覚や聴覚の情報処理を行なっている皮質領域を意味するものとは言えないかもしれません。

もちろん、こうした領域は、視覚の感覚器である眼や聴覚の感覚器である耳からの情報が最初に伝えられる皮質領域なので、それぞれの知覚様相にとって重要な領域であることには変わりはありません。しかしながら、おそらくは我々の脳は多様な感覚様相の処理を統合することで知覚体験を形成しているのでしょう。また、実際に、視覚的な体験が聴覚刺激によって影響を受けること、聴覚的体験が視覚刺激によって影響を受けることを示す数多くの心理学的研究があります。たとえば、次の章で紹介する「音によって引き起こされる光の見え」がそれです。

他方、視覚刺激による聴覚への影響を示す現象としては、たとえば「マガーク効果」というものがあります[23]。ある音声（たとえば、「ガ」）を別の音声（たとえば、「バ」）を発した際の人の顔の映像とともに観察すると、実際の音声とも、映像が示す音声とも異なる別の音声（この場合、「ダ」）に聞こえてしまうという現象です。また、視覚情報と聴覚情報の統合に関する別の現象として、「腹話術師効果」、「視覚捕捉」というものがあります。スピーカーで音を出し、そのスピーカーの位置を示す視覚刺激（光点）をスピーカーとはやや異なる位置に提示した場合、音源の位置が実際の音源の位置から視覚刺激の方向にずれて知覚されることになります。腹話術は、動かない腹話術師の口ではなく、動いている人形から声が聞こえてくるという錯覚を利用しているということが言えます。

また、接近運動するような映像を数分間観察した後に音刺激を聞くと、その音がだんだん小さくなるように感じられることが知られています。これは、視覚刺激の観察によって聴覚の過程に残効が生じることを意味しています[24]。この他にも、視覚と聴覚の間の密接な関係を示す数多くの心理学的研究や生理学的研究があります。

味覚や嗅覚も視覚によって影響を受けることも知られています。たとえば、さまざまな食品の味は、その色彩に影響を受けることがよく知られています[25,26]。あるいは、女性向けの香水であっても、男性用香水の容器に入れると、男性的な香りに感じられます[27]。逆に、男性向けの香水であっても、女性用香水の容器に入れると、女性的な香りに感じられることになります。また、味覚は嗅覚によっても大きく影響を受けることも知られています。鼻炎や風邪などで鼻が詰まった状態になると、食事の味がわかりにくくなるということを経験したことがある読者も多いのではないかと思います。「眼で味わう」とも言われる日本料理は、このような知覚様相間の密接な交互作用を積極的に利用してきたとも言えるでしょう。

このように、それぞれの感覚様相は相互独立的な過程というよりは、お互いに影響をおよぼし合っているのでしょう。おそらく、我々は比喩表現以上の意味で、音を見たり、色を味わったりしているものと思われます。そうした感覚様相間の交互作用のうちには、ある特定の様相に対するより大という刺激が、他の様相におけるより大という知覚体験を引き起こすことを示すものは多くあります。より広い部屋や大きな空間、またより明るい空間で感じられる時間は、狭い部屋や小さい空間で感じられる時間よりも長くなります。また、より大きな音が鳴っている環境で感じられる時間は、小さな音が鳴っている環境で感じられる時間よりも長く感じられることになります。

部屋などの大きさに関する知覚についての研究において、同じ大きさの空間でも、子供のほうが大人よりも大きく判断することが知られています[28]。自分の通っていた小学校を大人になって訪れた際に、校庭や教室、そしてそこにある机や椅子がずいぶんと小さく感じられたという経験は多くの読者に共有されていることだと思います。このような体験の成立には、自分の身体の大きさをもとに空間的広がりを知覚していることも寄与しているものと思われます。同じ空間でも子供のほうが広く判断するということは、視覚と時間感覚との交互作用により、さらに子供の時間評価を大人より長めにする傾向を強めることでしょう。

ここまでは、時間知覚以外の知覚様相に対する刺激の物理的な量によって感じられる時間の長さが異なることを説明しました。ところが、与えられる物理的な刺激の量はまったく同じであっても、その同じ刺激をどのように体験するかによっても感じられる時間の長さが異なることが知られています。つまり、同じ時間の長さであっても、その間に認識される出来事の数が多いほうが長く感じられる傾向があるのです。たとえば、同じ通勤、通学路であっても、そこを行き来する間に認識されることが多いほうがその間の時間がより長く感じられるのです。

また、同じ音声刺激や映像刺激であっても、それらをいくつかのバラバラな出来事として知覚した場合と、ひとまとまりの出来事として知覚した場合とでは、後者のほうが時間を短く感じることが知られています。たとえば、同じ文字数の単語を同じ時間で提示した場合でも、ただ単語を提示した場合よりはストーリーが理解できる流れで提示した場合のほうが時間を短く感じることになります[29]。

このことは、ルーチンワークをこなしているときと、新奇な事柄に取り組んでいる場合とでは、時間の長さの感じ方に違いがあることを示唆しています。新奇な作業については、いくつかの行程に分かれているように認識されることでしょう。それに対して、ルーチンワークの場合、たいていは一つひとつの行程が認識されることはまれで、すべてひとまとまりの作業として認識されがちでしょう。このことからは、ルーチンワークばかりの生活よりは新奇な出来事が多く、また、より多くのイベントが認識される生活のほうが、1日を長めに感じることになるものと予想されます。

この認識される出来事の数の要因も子供と大人の時間の感じ方の違いを際立たせる方向で影響をおよぼしているものと考えられます。なぜなら、ただでさえ生活のなかで特別なイベントは大人よりも子供のほうが多いだろうし、そのことが生活の時間を細かく区切ることになるからです。このことからは、おそらくは子供のほうが大人より多くの時間的な分節を行なうことが容易に想像できます。しかも、この認識された出来事の数が多いほど感じられる時間が長くなるという効果は、大人よりも子供において顕著であることが知られています[29]。同じ数の出来事があっても、その数が多いほど感じられる時間が長く感じられるという傾向が大人よりも子供において顕著だとすれば、子供は大人よりもさらに長く時間を評価することでしょう。

家族のなかに子供がいれば、子供にとってのさまざまな行事に大人もおつき合いしなければいけなくなります。すなわち、大人であっても生活のなかで子供と接する機会が多い場合と、そうでない場合を比べると、認識される出来事の数よりも多いことになるでしょう。このような大人の場合、その間に感じられる時間の長さも長くなるものと考えられます。おそらく、同じ長さの時間であっても一人で過ごすのか、他人とともに過ごすのかによっても、その間に感じられる時間の長さは異なることでしょう。他人とともに過ごす場合、誰とどのように過ごすかということも、感じられる時間の長さにずいぶん大きな影響をおよぼすことになると思います。

都市の時間、地方の時間

生活環境によっても時間とのつき合い方は変ります。一般的に、地方と都市とを比べると、地方のほうが時間がゆったりと流れていて、都市部はせわしないというイメージがあると思います。実際にはどうなのでしょう？　また、もし、このような感覚における傾向があるのだとしたら、それはどのように決定されるのでしょうか？

筆者自身、都市部と地方とでは時間とのつき合いがずいぶん異なるのを実感しました。筆者は、現在、比較的都市部である千葉市に在住しています。電車も10分程度の間隔で上下線が行き来するようなところです。ところが、この本の執筆をはじめる2年ほど前までは、山口県に住んでいました。空港からは車を使えば15分程度のところに住んでいたのですが、自宅の前には田んぼや畑が広がるような住居環境でした。空港のすぐそばにはJRの路線も走っていましたが、単線のワンマンカーで、時間帯によっては1時間に1本も走らないようなところでした。

このような環境では、公共の交通機関を使いつづけるのは簡単ではなく、私や多くの同僚は、通勤やキャンパス間の移動には車を使っていました。このような生活スタイルでは電車の時間を気にする必要はありません。目的地にちょうどいい時間帯に着くように時間を逆算して、自分で車を運転していけばよいわけです。山口から出かけるときは鉄道や飛行機といった公共の交通機関を使いますが、毎日の生活で鉄道やバスなどを使うことはないのです。そうなると、公共の交通機関の時間に対応して生活するという習慣はほとんどありません。

実際多くの施設が、車を使った生活に対応するようになっていました。いつでも車があれば行けるということで、24時間オープンのスーパーマーケットがいくつかありましたし、深夜12時を過ぎても使えるスポーツジムなどもありました。

このような生活環境の違いがあると、明らかに千葉での時間と山口での時間とは流れ方が異なるように感じます。確かに、山口での生活のほうがゆったりしていて、千葉の生活のほうが、時計の時間に追われる経験が多いのです。

公共の交通機関以外の生活環境の違いも、時間についての感覚に影響をおよぼしているように思います。千葉に移住してから、都市部の大学にいるメリットの一つに、都心で行なわれる多くの学会や研究会、講演会などのイベントに参加できるということがあります。そのイベントで最新の研究動向についての情報を得たり、同じ分野の他の研究者と意見交換をするというのは、研究者にとってとても重要な機会であるように思います。地方では、山口だけではなく、筆者が学生時代を過ごした大阪でもこのような機会はそれほど多くありませんでした。人が多い都心だからこそ、学会や研究会など、さまざまなイベントがあります。大きな学会であれば、地方に住んでいても努力して参加することにしますが、数時間程度の研究会や講演会などは、内容によほどの興味がなければ、わざわざ地方から参加するということはむずかしいものです。ところが、都市部に住んでいると、電車に乗って1時間程度で会場に行くことができるということもあって、参加できるイベントの数が増えることになります。これはおそらく、研究者にとってのイベントだけではなく、展覧会やコンサートなど、多くのイベントについても言えることでしょう。

とはいえ、そういったイベントに参加することには時間がかかります。参加するイベントが多くなればなるほど、そうしたものに参加しなければ他に使えた時間がなくなってしまうことになります。その分、時間に追われている感覚が強くなることでしょう。イベントに参加することによって得られる情報や体験がそれほど重要なものでなければ、そのイベントに参加することは自分の生活を忙しくしたり、時間的な余裕を奪っているだけなのかもしれません。参加したいイベントにすべて参加するということは経済的にも大変なことになると思いますが、誰にとっても使える時間は有限ですから時間的にも余裕を奪うことになるでしょう。時間的な余裕を確保するためには、参加したいイベント、やりたい事柄の間に優先順位をつけて、どのようなイベントにどれだけ参加するかということについてちゃんと判断する必要があるように思います。この優先順位に関わる問題については次章で詳しく見ることにしましょう。

第3章（37ページ）を読むのにかかると予想される時間	時間
実際にかかった時間	時間

第4章

時間と錯覚——0・1秒前の世界

私たちが見ているのは少しばかり過去

眼や耳に与えられる刺激の物理的特性と、その刺激に対して知覚される内容が異なることを「錯覚」と呼びます。視覚における錯覚は錯視と呼ばれます。知覚や認知の過程にはさまざまな時間的特性があります。それにともない、時間に関わるさまざまな錯覚があります。

第2章でも指摘したとおり、我々の知覚の情報処理には一定の時間が必要です。たとえば視覚の場合、視覚刺激が提示されてから視覚体験が成立するまでには短くてもおよそ0・1秒の時間がかかります。刺激が提示されてから知覚が成立するまでのこの時間的遅れは決してゼロになりません。

それでも、普段の生活で、このような視覚の時間的遅れを感じることはないでしょう。目の前に現れた対象が瞬時に見えたように感じているのは一種の錯覚、つまり、物理的刺激の特性と知覚体験とのズレと言えるでしょう。これは、我々の知覚認知の体系が、普段生活している地上の環境に適応するように進化してきたため、ある意味当然の帰結かもしれません。

我々が適応している通常の環境のなかでは、我々の知覚の処理の不具合が顕在化することは稀なのでしょう。しかしながら、これまで生活してきた環境にないような環境の要因やこれまで課されてこなかったような知覚認知的な課題を解く必要が出てきた場合、物理的刺激の特性と知覚体験とのズレの問題が顕在化することになります。

人間の知覚は、その時間的な特性を含めて、自分の足で歩いたり走り回ったりという地上での進化の過程で獲得されてきたものです。地上で歩いたり走り回ったりという生活パターンのなかでは、このような時間のズレが体験され、それが何らかの不具合につながることはほとんどなかったでしょう。しかしながら、このような遅れは、たとえ気づかれなくても、常に存在しているのです。また、重要なことはこのズレが、この章の以下の節で紹介するようなさまざまな要因によって伸びたり縮んだりするということです。生活がますます高速化しつつある現代においては、人間の知覚認知における絶対的遅れやさまざまな時間特性があることを知ることは、新しい生活環境における危険や後述するようなさまざまな問題点を回避するために重要な意味を持つでしょう。

第2章でも紹介したように、適度な強度の刺激であれば、視覚の処理は聴覚や触覚における処理よりもゆっくりしています。同時に与えられた刺激であっても、知覚様相によって体験されるタイミングが異なることになります。

たとえば、一般的には、強い刺激ほど速く処理されます。これは、知覚様相を選ばず、知覚の処理の一般的特性と言えるでしょう。また、刺激の空間的な位置によっても処理時間は異なります。視覚の場合、同じ大きさの刺激であれば、周辺視野よりも中心視野のほうが処理が速くなります[1,2]。そのため、同じ大きさで同じ明るさの光点が中心視野と周辺視野に同時に提示された場合、中心視野の刺激のほうが先に提示されたように見えます。これは、中心視野のほうが視覚の処理の解像度が高く、その結果として、周辺視野よりも中心視野の刺激のほうが信号が強くなることによるものと考えられます。

知覚の対象によって見えるまでの時間が変わる

処理時間に違いがあるのは知覚様相の間だけではありません。同じ様相に与えられた刺激であっても、知覚の対象によってそれぞれ異なる過程によってバラバラに処理がなされており、その処理に要する時間が各々異なっています。

たとえば、視覚では、動きと色の処理では、動きのほうが処理が遅いのです。そのため、特定の色（たとえば赤）によって描かれた縞模様が時々運動方向を変えつつ色も変化させる（たとえば、赤から緑へ）ような場合、物理的には色の変化と運動方向の変化が同時に生じたとしても、色の変化が運動方向の変化よりも先に生じたように知覚されることになります。運動方向と色変化とが同時に生じたように知覚させるためには、色変化よりも運動方向を速く変化させる必要があるのです[3]。

色つきの文字や図形刺激を次々と提示した場合、実際には存在しない文字と色の組合わせが知覚されることがあります。このような現象のことを「結合錯誤」と呼びます[4]。漢字のように複雑な文字の場合、色の処理のほうが速くなります。そのために、先に提示された文字が後に提示された色と組み合わさせて知覚されることが多くなります。ただし、文字刺激がアラビア数字のように単純な形状の場合、形状の処理が色の処理よりも速くなり、後に提示された文字が先に提示された色と組み合わせて知覚されることもあります。

こうしたことを考えると、私たちが日常において見たり聞いたりしている外界の出来事の時間順序や同時性は、おそらくは物理的な時間順序とは異なっているものと考えられます。私たちの知覚は実際よりも遅れているだけではなく、実際のタイミングを知ることさえ困難なのです。

　これはちょっと困ったことだと感じられる読者もおられるかもしれません。ただし、このような知覚の制約があったとしても、これまでの生活のなかでは大きな問題には発展しませんでした。人類がこのような特性を持っているにもかかわらず、現在地上で生活しているということは、この程度の時間的錯誤は地上の環境のなかで生きていくことを脅かすものではないことを意味しています。

　知覚の処理過程の速さの違いに基づくこのような時間差については、あまり日常的には体験されていないかもしれません。ここまで紹介してきた、知覚様相間の処理時間の違いを見いだしてきた研究では、視覚であれば光点の瞬間提示、聴覚であればホワイトノイズ、聴覚であれば皮膚に貼り付けたバイブレーターの振動や皮膚電極を用いた電気刺激の瞬間提示などを用いて調べられてきています。つまり、こうした刺激を提示するタイミングの間には一義的な対応関係を想定できないような、抽象的で非具象的な刺激が用いられてきています。こうした抽象的で非具象的な刺激を用いるのは、タイミングの判断に影響をおよぼす可能性のあるさまざまな要因による影響を排除するためです。

　ただし、そうした抽象的で非具象的な刺激を用いて理解されてきた事柄が、日常生活のなかで接する具象的かつ具体的で豊かな有意味の刺激の間の同期判断にも一般化できるかというと、そうではないかもしれません。出来事についての豊かな情報があると、知覚の処理過程そのものが持っている時間差を補償してしまっているということは十分に考えられることです。

それぞれの属性についての処理時間には差があっても、ある程度の時間の幅のなかでは目立つ変化や出来事が生じたタイミングの間で同期をとっていることも指摘されています[5)]。このような処理を行なっている場合、それぞれの知覚様相による処理時間の違い自体は知覚されるタイミングを決定しないことになります。

特徴的な出来事が起こったタイミングが見かけのタイミングを決定していることの例としては、同じタイミングで白から黒へと繰り返し明るさを変える二つの円形の領域をあげることができます。図4-1では、a、b、c、b、a、b、c、b…と黒と白の背景に囲まれた円形の領域で連続的に明るさの変化が生じることを示しています（aの右図では全体が白くなり、cの左図では全体が黒くなりますが、薄い線で円形の領域を示しました）。真ん中の円形の領域は左右でまったく同じタイミングで明るくなったり暗くなったりしているにもかかわらず、この二つの円形の領域がそれぞれ白と黒の背景領域に囲まれていることにより、明るさの変化のタイミングは同じには見えなくなります。むしろ、ちょうど反対のタイミングで明滅を繰り返しているように見えます[6]。これは、実際の明るさの変化のタイミングよりも、中心と周辺の明るさの差が大きくなるという出来事のタイミングのほうが、見かけの同期を決定するために重要な役割を果たしているためだと考えられます。

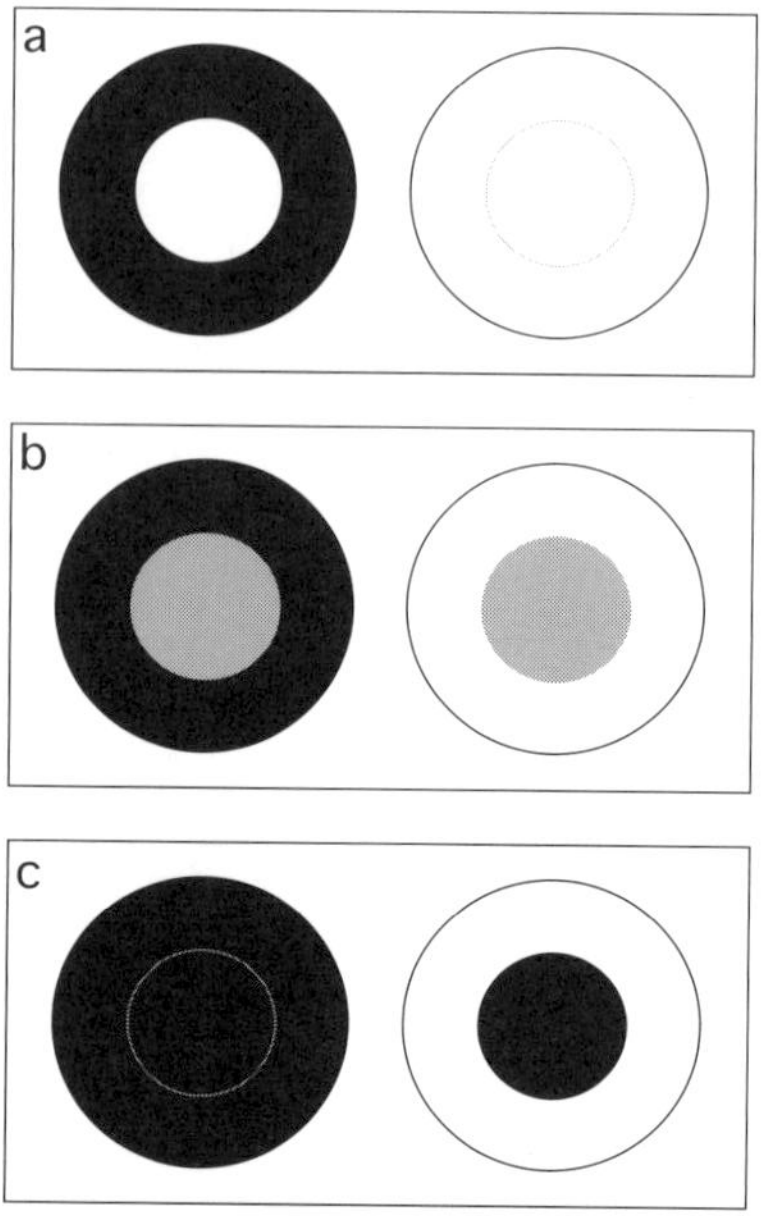

図 4-1　明るさ変化と見かけのタイミング

なお、視聴覚刺激の同時性の知覚には可塑性があることが知られています。たとえば、視覚刺激と聴覚刺激との間に数十ミリ秒程度のズレを設けたとします。この時、当然、視聴覚刺激の間にはズレが知覚されます。ところが、この状態で数分程度の刺激観察を続けると、知覚される視聴覚刺激のズレが当初よりも小さくなります[7]。これらの結果は、視聴覚刺激の間に同じような時間的ズレが継続する状況では、私たちの脳がそれらを同時に感じるように順応的に変化することを示しています。同時性の知覚は経験によって変化するのです。

注意は処理時間を縮める

注意をある対象に向けると、その対象の処理を速めるという効果があります。ただし、逆に、注意を向けられなかった部位の処理は遅くなってしまいます。注意を向けたことによる処理の促進は線運動錯視のような現象[8]によって確認することができます。

線運動錯視の典型的な例を紹介しておきましょう。この錯覚については、筆者の研究室のウェブサイト（http://www.psy.l.chiba-u.ac.jp/labo/vision2/linemotion.html）にデモムービーのファイルを提示しています。インターネットにアクセスできる読者は、このサイトにあるデモムービーを観ていただければと思います。

このデモムービーでは、図4-2のように4枚のパネルを提示します。1枚目と3枚目には黒い背景の上に注視点だけが提示されています。2枚目には、注視点の他に手がかり刺激が提示されています。4枚目には幅のある視覚刺激、たとえば白い線分が提示されていま

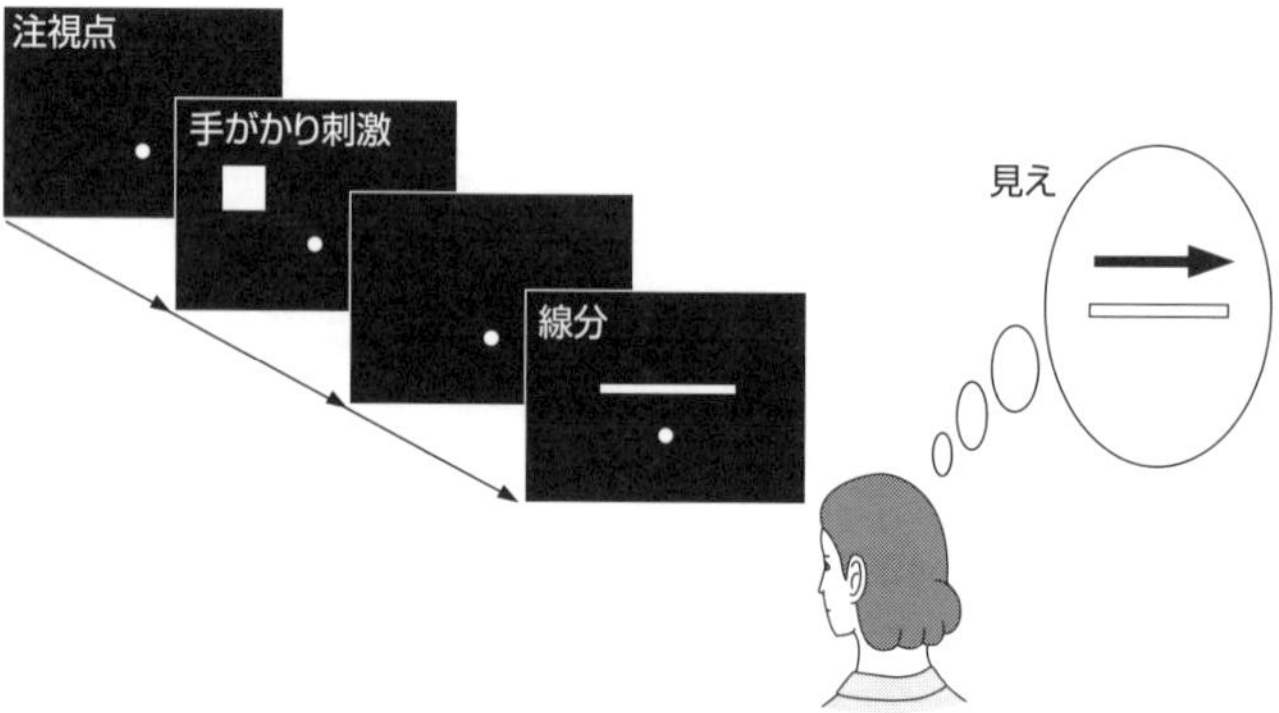

図 4-2　線運動錯視

す。2枚目の手がかり刺激を含むパネルが提示されなかった場合、最後のパネルが提示されたときには、線分全体が一度に現れたように見えるはずです。ところが、2枚目のパネルで、線分のどちらかの端に近い位置に一瞬だけ手がかり刺激を提示すると、線分が手がかり刺激の提示された側の端点から描かれたように見えることになります。これが「線運動錯視」と呼ばれる現象です。この錯視は、手がかり刺激の提示によってその付近の視覚処理が速められることに基づくと考えられています。

この現象を利用すると、驚くべきことに、先行刺激提示によって物理的時間と感じられる時間における順序を逆転させることも可能です。たとえば、数10ミリ秒の時間差をもって二つの視覚刺激を提示した場合、物理的時間順序と同じような順序で二つの刺激が提示されたように知覚されます。ところが、二つの刺激が提示される直前に、後に提示される刺激のそばに注意を引きつけるような別の刺激を先行提示すると、その刺激のほうが物理的には先に提示されるもう一方の刺激よりも先に提示されたように知覚されます。

現代の科学では、物理的に時間の順序を入れ替えるということは困難です。ところが、この節で紹介した注意による処理促進を利用すると、事象の物理的な時間順序を知覚の上で逆転させることができます。つまりは「知覚のタイムマシン」のような事態を実現することができるのです。

やや広がりのある今

私たちの知覚は瞬間瞬間で成立しているわけではありません。ある一定の時間の広がりのなかで情報を取り入れて知覚を成立させています。そのため、瞬間に得られる情報だけでは十分な情報が提示されていなくても、ある一定の時間の幅のうちで提示された情報にしたがって、さまざまな知覚を生じさせることができます。

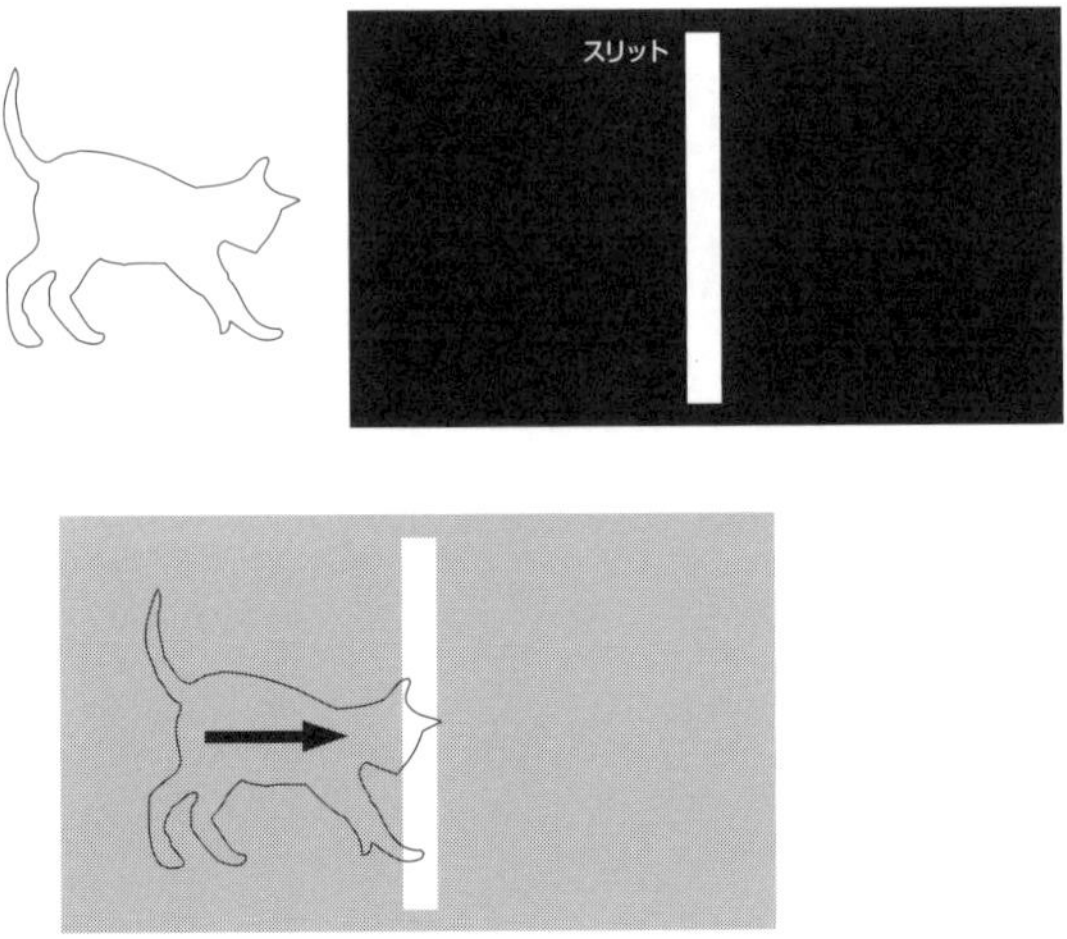

図 4-3　スリット視

例の一つは「スリット視」と呼ばれる現象です。たとえば、縦方向に細長い窓（スリット）のむこうでネコの線画を水平方向に動かしたとします（図4-3）。この時、瞬間瞬間で得られる情報はスリットを通して細い輪郭線が見えるというものでしかありません（図4-3下）。ところが、運動の速度が適当な範囲のなかにあれば、観察者には、スリットの向こうをすり抜けた絵が何であるかがわかるのです[9]。これは、脳が、ある一定の時間の幅のなかでスリットを通して得られる情報を統合しているために可能になることだと考えられています。

このスリット視という現象を利用して、

1列に並んだ発光ダイオード（LED）でさまざまな文字列や絵を提示するディスプレーが商品化されています。地下鉄などでの広告の提示にこの仕組みが利用されることもあります。また、スリットの数を複数にすれば、スムーズな動画像を提示することもできます。

こうしたことは、私たちの知覚が瞬間瞬間に成立しているわけではなく、ある一定の時間の幅のなかで情報を取り入れ、統合することにより成立していることを示しています。私たちにとっての「今」は一瞬ではなく、やや広がりを持つものと言えるでしょう。

人間は時間の遅れを学習している

連続的に変化する刺激の処理時間と静止した刺激や瞬間的に提示された刺激の処理時間とは異なります。たとえば、等速で左から右に移動する光点をディスプレー上に提示したとします。光点がディスプレーの中央あたりに達したとき、光点の真下で別の光点を一瞬点灯させます。この時、移動する光点が点灯した光点よりも右にずれて見えます。これは「フラッシュラグ効果」と呼ばれる現象です[10)]。

この錯視は、刺激の移動以外の刺激特性の連続的変化によっても生じます。たとえば、明るさを連続的に変化させる視覚刺激のそばに特定の明るさの刺激を瞬間提示し、連続的に変化する刺激と瞬間的に提示された刺激のどちらがより明るいかを判断させた場合、連続的に変化する刺激の状態は、実際に瞬間提示の刺激が示された時点よりも変化が進んだ状態で知覚されます。刺激位置や明るさだけではなく、刺激の配置のランダムさ、彩度などのさまざまな特性を連続的に変化させた場合にも同じような錯視が生じることが報告されています[11]。

この錯視は日常生活のなかでも生じます。たとえば、この錯視がサッカーのオフサイド判定の誤審の原因になっていることが指摘されています[12]。ゴールに向かって走っている攻撃側の選手が、実際には静止した守備側の選手と並んだ位置にいたとしても、審判には攻撃側の選手が守備側の選手よりもゴール側にいるように見えてしまうのです。錯視に基づくこのような誤審は、知覚における処理の本質的な制約に基づくものなので、いくら審判が練習したとしても避けることはできないものと考えられます。物理的な位置関係にしたがった判断を下す必要があるのであれば、ビデオを用いた判定など機械の能力に頼らざるを得ません。

また、運動と位置判断に関わるこのような錯覚は、おそらくは飛んできたボールを打ったり、取ったりするようなスポーツにおいては常に存在しているものと思います。連続的に動いているものをバットやラケットのようなもので打つ場合、あるいはつかまえる場合、見て判断してから身体を動かしていたのでは間に合うはずがないのです。我々の知覚は常に遅れているからです。

このように、動いているものや変化しているものに対して適切に対応することができなければ、日常の生活を送るうえでも大変困ったことになるでしょう。ところが、日常生活で知覚の遅れによって引き起こされる問題が顕在化したという経験はあまりないでしょう。おそらくは、知覚の情報処理の過程に知覚の遅れを補うような工夫があるのだと考えられます。フラッシュラグ効果は、このような問題を解決するために知覚系がとっている戦略の一部をかいま見せています。つまり、運動したり変化しているものについては、そのつどの状態から知覚を成立させるわけではなく、ある一定の時間的範囲のなかで得た情報を統合する形で対象の位置や状態の知覚を成立させているのです。

ボールの打撃や捕捉には練習の効果も寄与していることでしょう。初心者はいきなり飛んでくるボールを打ったり、取ったりすることはできません。よいプレーヤーになるためには練習が必要です。おそらくは、この練習の過程で、知覚の遅れを補うような仕組みが成立しているものと思われます。

実際、見てから身体を動かしていたのではたいていのことは間に合いません。動いている物に対しては、少しばかり未来の状態を予想して、それに対応して身体を動かす必要があります。このような調整を、おそらく我々はスポーツだけではなく、日常のいろいろな場面で行なっています。

しかしながら、このような無意識的な調整があるために、逆に問題が生じることもあります。たとえば、通常動いているはずのものなのに、それが止まっているときには、普段生じないような問題が起こります。

たとえば、よい例が、止まっているエスカレーターを昇降するときです。我々が日常において使っている一般的なエスカレーターの1段目は、通常30m／分程度のスピードで動いています。見たとおりに足をおくと、視覚の処理の遅れのため、どうしてもずれてしまうことになるでしょう。そのため、我々は日常生活のなかでエスカレーターを使う際に、見た目よりも少し後の状況に対応する位置に足を置くことを訓練しています。このような技能が、日常的な経験のなかで獲得されると、我々はエスカレーターのような見た目のものに足を置くとき、無意識的に、見た目よりも先の位置に足をおくことができるようになります。ところが、このような学習がなされた場合、新たに問題が生じることがあります。止まっているエスカレーターに乗ろうとして、多くの人が、つまづいたり、身体のバランスを崩したり、つんのめったり、違和感を感じたりすることが知られています。読者のなかにもそのような経験をされた方がおられるのではないでしょうか？

実は、止まっているエスカレーターで上ったり、下りたりしにくいのは、一段一段の高さが異なっているためではありません。その証拠に段の高さが異なる階段については、止まっているエスカレーターで感じるような違和感はほとんど生じないことが知られています[13]。止まっているエスカレーターで昇降しにくいのは、無意識的に、足を見た目よりも先に置こうとする自動的調整が行なわれてしまうためと考えられるのです。

読者のなかには、止まっているムービングウォークなどで同じ経験をしたことがある方もおられることでしょう。たとえ段差がなくても、通常動いているものが止まっていると、そこに足を踏み入れたりすると、強い違和感を感じてしまうのです。

つまり、動いているものについては、我々は使いこなすようになるまでにある程度の訓練を必要としています。また、ある程度の経験が積まれると、無意識的に知覚と運動における学習がなされます。この学習の成果として、何も考えなくても、知覚に対応して、身体が適切に動作することになります。このようなことは、エスカレーターだけではなく、ムービングウォーク、目の前を動いているベルトコンベア上での作業などで生じているものと考えられます。そして、おそらくはミュージックバンドなどでの他の演奏者とタイミングを合わせた演奏などでも生じているものと考えられます。こうした学習が可能だということ自体は人間の適応能力の高さを意味しています。ところが、こうした学習が成立していると、学習の成果が利用できない状況では、逆にうまく振る舞えなくなるという問題が生じるのです。

目を動かすと時間が縮む！

視覚的に観察を行なう際、人間の目は独特の動きをします。観察対象のある特定の点で数百ミリ秒間滞留したあと、別の点に高速で移動します。この視点が高速で移動する際の眼球運動のことを「サッケード」と呼びます。実は、この眼球運動の間、視覚的な入力はシャットアウトされています。これは、視点が移動している間も視覚情報が入ると、視覚世界が安定しないため抑制されるものと考えられています。この視覚情報処理の抑制のことを「サッケード抑制」と呼びます。

読者も、簡単な道具を用いることでこのサッケード抑制を確認することができます。用意する道具は鏡です。自分の両眼が見える鏡であれば、手鏡でも三面鏡でも、どんなタイプの鏡でもけっこうです。この鏡を見ながら、鏡のなかに映った自分の右眼から左眼に視点を動かしてみてください。この時、鏡のなかの自分の眼の動きが見えるということはほとんどないでしょう。人間の視覚の情報処理にとってこの眼球運動が速すぎるから見えない、ということではありません。その証拠に、他の人が鏡のなかで左眼から右眼、右眼から左眼へと眼を動かしているのを観察すると、その人の眼の動きは実に簡単に見ることができます。

ところが、その人もやはり鏡に映った自分自身の眼の動きは見えないのです。自分の眼の動きは、動いている間にその視覚情報が抑制されているために見えないのです。一方、他の人の眼の動きについては、このような抑制は起こらないので、とても簡単に見ることができるのです。我々は普段、視点を移動する際、このような視覚の情報処理が止められた「空白の時間」があることに気づくことはありません。

眼球運動中のこの空白の時間はどこに行ってしまうのでしょうか？　最近この眼球運動中は、時間が短縮して感じられていることが見いだされました[14]。眼がサッケード運動している間に、心的な時間が失われてしまっているようなものです。時間の一部が失われているとすると、その失われた時間の間に生じたことが認識されないということは当然のことのようにも思われます。そうなると、眼が動いている最中に視覚的な情報が抑制されているということが気づかれないということはもっともなことです。

とはいえ、眼を動かしている間、その時に聴いている音楽がレコードの針飛びのように不規則になることが体験されることはないようです。どうやら、サッケードにともない主観的に短縮される時間は視覚的な情報処理に関してのみ生じるということなのでしょう。つまり、サッケード中、視覚的に体験される時間は短縮されるものの、視覚以外の知覚様相を通して感じられる時間は短縮されているわけではないようです。このことは、視覚の時間とそれ以外の様相の時間とはそれぞれ異なるものであることを示唆しています。どうやら、我々の脳は、知覚様相ごとに体験される時間を調整するという、非常に複雑なことを成し遂げているようです。

変化が見える時間

一定の時間の範囲のなかで起こった変化は簡単に見いだすことができます。しかしながら、その時間的幅を超えて変化が生じた場合、意識的に努力をしたり、注意を向けたりしないと、その変化が見えないということが生じます。近年の実験心理学では、人間の知覚・認知過程の特性や制約を理解するうえで、この「見落とし」の現象がとても注目を受けています。

たとえば、変化がとても短い時間で起こった場合を考えてみましょう。一般的に使われている照明用の蛍光灯は、短い時間のなかでついたり消えたりしています。この点滅の時間の幅が人間の視覚系にとって短すぎるので、蛍光灯が点滅しているところは人間の目では見えません。

他方、変化がとても長い時間にわたって生じた場合にも、その変化は努力なしには見えません[15)]。これは「変化盲」と呼ばれる現象の一つです。同じ変化が適切な時間の間（たとえば0・1秒間）に生じた場合には、注意を向けなくても、すぐに変化がわかってしまいます。注意や意識的な努力を必要としないような自動的な変化検出過程が変化の信号を検出できるためです。

強く注意を引きつける対象があることによって、同時に生じた出来事が見落とされることも知られています。たとえば、写真の一部を変化させる場合、それが瞬時になされれば変化は簡単に見つけられます。しかしながら、この変化と同時に強く注意を引きつけるような妨害刺激を提示すると、変化が高い頻度で見落されます。変化したところを見つけるためには、意識的に注意を向けて、変った場所を探す必要があります。これは「mudsplash（泥はね）による変化盲」と呼ばれる現象です[16]。

変化盲以外にも、あるはずのものが見えなくなる現象があります。それ自体では明確に見える視覚刺激（たとえば黒い背景の上の黄色い点）であっても、運動する刺激と重ねられ、その動いている刺激に注意を向けると、それ自体では明確に見えていた刺激（黄色い点）が見えなくなります[17]。この現象は「運動によって引き起こされる見落とし現象（Motion Induced Blindness）」を略してＭＩＢと呼ばれています（筆者の研究室の以下のウェブサイトにデモンストレーション映像ファイルを置いています。http://www.psy.l.chiba-u.ac.jp/labo/vision2/MIB.html）。このＭＩＢの現象は映像において生じるだけではなく、実空間のなかでも生じ得ることが知られています。たとえば、暗い部屋のなかで照明を浴びて回転するミラーボールがあったとします。この場合、ミラーボールに反射した光によって無数の光点がその部屋の壁の上を動いているように見えるでしょう。この光点の動きをしばらく見ていると、周辺の視野にある物体、たとえば人が見えなくなることがあります。また、車を運転しているとき、ドライバーの視野いっぱいに運動する景色が見えているはずです。この時、視野のなかでは固定されているフロントガラスの汚れなどはほとんど目につかないでしょう。このこともMIBに関係しているものと思われます。

このように、泥はねによる変化盲やMIBの現象は 視野内に強く注意を引きつける対象があると、その時点で知覚される出来事の数が制限されることを示唆しています。ドライバーにとって、フロントガラスの汚れが見えなくなるだけなら別に問題はないのですが、もし危険な障害物や歩行者などが見落されるとしたら、事故の危険性が増すと言えるでしょう。こうした知覚情報処理の制限は、情報過多の環境下や注意が散漫になっている際のうっかりミスやヒューマンエラーを引き起こすことも予測されています。

なお、注意を向けることは常に知覚の処理時間を短縮したり、知覚の処理を促進するわけではありません。注意を向けることによってかえって見落としやすくなる現象があることが知られています。たとえば、特定の刺激に注意を向けてから数秒経つと、今度はその刺激に対して注意が向けられにくくなります[18,19]。注意が向けられない場合、視野の他の部位に比べると、その刺激に対する処理はむしろ抑えられてしまうのです。いったん注意が向けられた部位に再び注意が向きにくくなるということで、この現象は「復帰抑制」と呼ばれています。

注意による処理時間の短縮にも時間的な制約があるのです。

また、次々と対象が目の前に現れる際にも、注意を向けることによってかえってターゲットが見落としやすくなるという現象が知られています[20,21]。たとえば、コンピューターディスプレーの中心に一文字ずつ高速で10個程度次々とアルファベットが提示されるなかに数字が二つ混ざっているとします。また、各文字は、たとえば0・1秒程度提示されるとします。観察者には数字が何であったかを答えてもらいます。つまり、二つの数字をターゲットとするのです。最初に提示される数字は、1番目のターゲットという意味でT1、二つ目に提示される数字は2番目のターゲットという意味でT2と呼ばれます。この時、T1とT2が時系列的にあまりに近すぎたり遠すぎたりしない場合、T2はかなり高い頻度で見落とされることになります。この現象は、注意が向けられているT1が提示されてからしばらくの間は視覚の情報処理が抑えられることになることから「注意の瞬き」と呼ばれています。注意が散漫なとき、この注意の瞬きによるT2の見落としはあまり起こらないことが知られています。MIBのような現象があるということは注意を向けない対象は見落とされたり見えなくなったりすることを示していますが、他方、注意の瞬きのような現象があるということは、注意を向けることによって、かえって見落としが起こりやすくなることを意味しています。

聴覚と時間の錯覚

すでに説明したように、聴覚は視覚よりも時間的には正確です。反応時間実験などを通してわかってきたことは、刺激提示から知覚されるまでの時間は視覚よりも聴覚のほうが短いのです。

第2章で紹介したペッペルは、同時性の窓の幅、つまり、二つの刺激提示が同時に感じられる時間幅の上限値について、視覚、聴覚、触覚を比較する実験も行なっています[22]。ペッペルのデータによると、この同時性の窓の幅は、聴覚においては約4・5ミリ秒、触覚においては約10ミリ秒、視覚においては20〜30ミリ秒でした。同時性の窓の幅として見られる知覚処理の時間解像度も、視覚は聴覚や触覚と比べると、緩慢な過程であることを示しています。

そのためか、時間的な特性に関する知覚認知においては、視覚と聴覚の情報が不一致のとき、聴覚の情報が優先されることが多いようです。

たとえば、Shamsらは2000年に「音によって引き起こされる光りの見え」の現象について報告しています[23]。光を1回フラッシュするのと同時に短い音を2回提示すると、光が2度点滅したように見えるという現象です（図4-4）。これは、短い時間の間に起こった出来事の回数が、聴覚によって決定されることを示唆しています。また、この錯覚が起こっている際の視覚皮質の活動状態を視覚誘発電位という指標を用いて調べると、二つ目の聴覚刺激の提示によって、2回の視覚刺激を提示したのと同様の視覚皮質の活動が生じていることが示されています。音刺激が視覚皮質を活性化させ得るということも興味深い発見と言えます。（彼女自身によるデモンストレーション用のムービーファイルは以下のサイトで見ることができます。音の鳴る回数によって視覚刺激の提示回数が異なるように見えることを確認できると思います。http://shamslab.psych.ucla.edu/demos/）

また、筆者自身、この現象に関連して、共同研究者とともに、画面上を移動する刺激を観察する際に聴覚刺激を提示すると、その回数が多いほど、より大きく動いたように知覚されることを見いだしました[24]。音の提示のテンポを連続的に変化させると、視覚刺激が一定の時間的間隔で点滅していたとしても、点滅の時間的間隔も音刺激のそれにつられて連続的に変化するように見えてしまうことも知られています[25]。運動の見え方は音の提示によって変

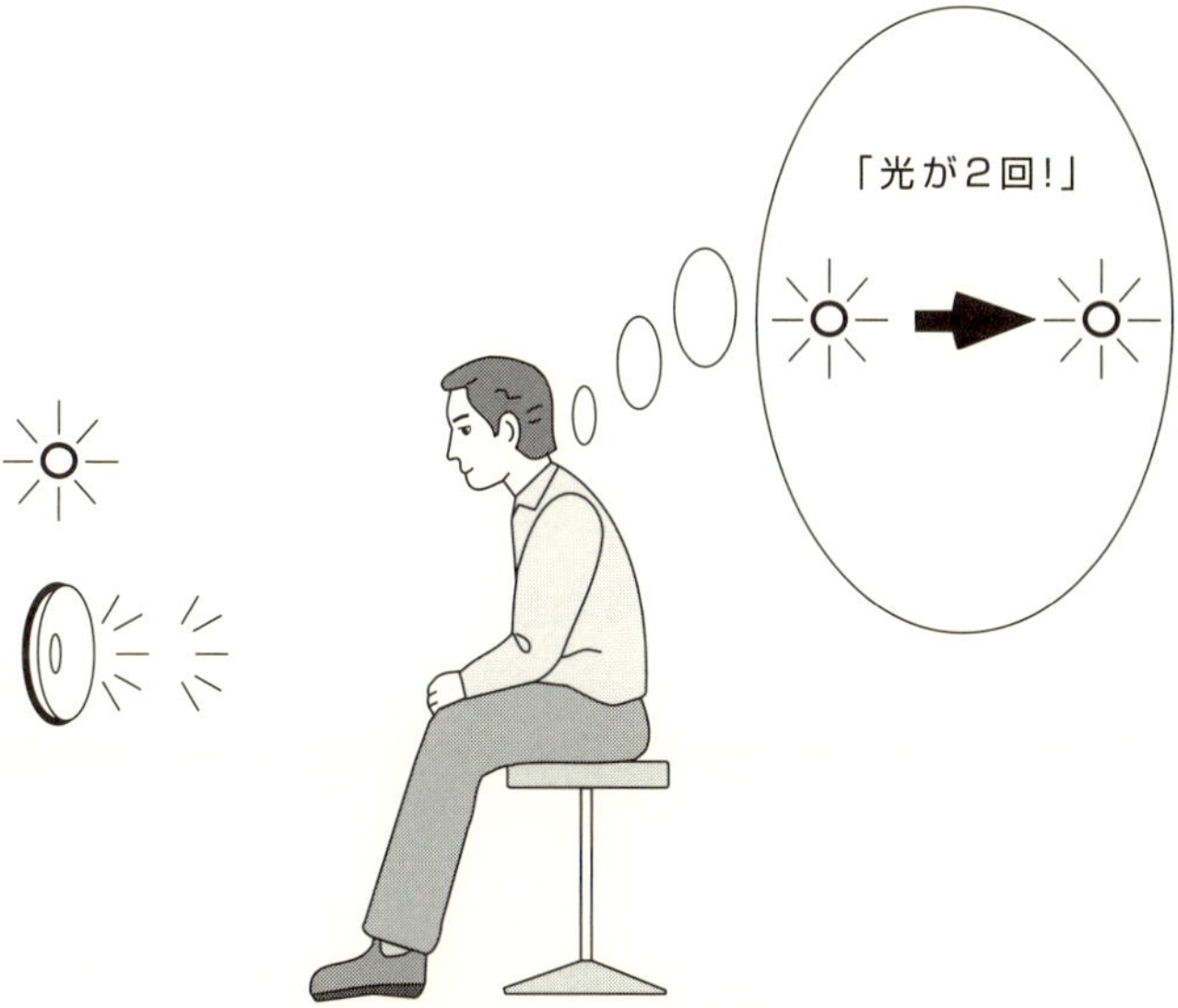

図 4-4 音によって引き起こされる光の見え

化するのです。

ちなみに、音源や対象の位置などのような空間に関わる判断においては視覚が聴覚に対して優位性を持つことは数十年前から知られてきました。そうした研究成果は、「人間は視覚的な動物である」という考え方の基礎になるものかもしれません。

しかしながら、ここで紹介してきた事例は、時間に関わる処理においては、聴覚が視覚に対して優位性を持ち得ることを示唆しています。

なお、ここまでは、視覚よりも聴覚のほうが時間に関して精度の高い処理が可能であることを見てきまし

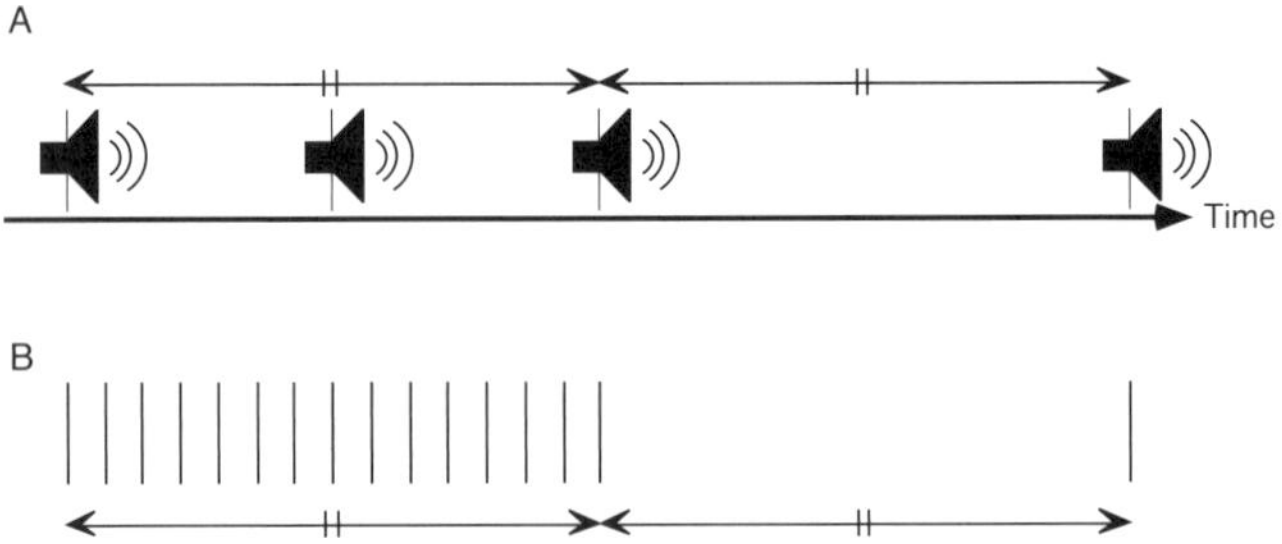

図4-5　時間分割錯覚（A）と分割線錯視（オッペル・クント錯視）（B）

た。とはいえ、それでも、聴覚においても時間に関わる錯覚も存在しています。

たとえば、聴覚における時間に関する錯覚として、時間縮小錯覚というものがあります[26]。二つの聴覚刺激を短い間隔で出す直前に別の刺激を提示すると、2音の間隔が短く感じられるという錯覚が生じます。

聴覚刺激によって生じる時間分割錯視というものもあります[27]。1秒の間隔で二つの短音を鳴らす場合を考えてみましょう（図4-5A）。この場合、刺激提示は2秒にわたることになります。他方、2秒間隔で二つの短音が鳴らされた場合、刺激提示はやはり2秒にわたってなされたことになります。どちらも同じ2秒間で刺激が提示されたことになりますが、主観的な時間は、提示された刺激の数が多い前者のほうが長く感じられます。これと似たような空間的錯視も存在しています。これは「分割線錯視」と呼ばれています。つまり、同じ空間的間隔であっても、内側を分割したほうが大きな空間的間隔に見えてしまうのです。図4-5Bには代表的な分割線錯視であるオッペル・クント錯視を示しました。右端の線分から右から2番目の線分の物理的距離は、左端の線分から2番目の線分までのそれと等しくなっています。しかしながら、知覚の上では、前者より後者のほうが長く見える傾向があります。

このように、聴覚においても、時間に関する錯覚が存在しています。こうした錯覚がどのような規則性によって成立しているのか、どのような生理的メカニズムに基礎を持つのかについて、今後の研究による解明が待たれるところです。

見え方は時間のなかで変わる

私たちの知覚は、与えられた情報に対応して常に変化しています。これは、見たり聞いたり、触れたりする内容が時間とともに変化するだけではありません。与えられる情報によって、私たちの知覚の情報処理過程自体が変化してしまうのです。このことの例の一つとして順応現象をあげることができます。

同じような刺激が与えられつづけると、その刺激が持つ特徴に対応した処理過程が変化します。たとえば、一方向に向かって動いている対象を30秒も観察すると、私たちの運動の処理系は変化してしまいます。その結果、動いている対象から目を逸らし、静止している対象を見ると、先ほどまで観察していた運動とは逆方向の運動が見えるようになります。これは「運動残効」と呼ばれる現象です。映画の最後にキャストやスタッフを紹介する字幕が下から上へとスクロールされるのをしばらく見たあと、ふとスクリーンから目を逸らして隣の椅子などを見ると、上から下への動きが見えた経験がある人は多いでしょう。あの運動の見えが運動残効です。

この運動残効は、字幕のようなものではなくても、実空間のなかの対象の運動でも生じます。たとえば、上から下へと落ちる滝を見つづけることによっても生じるため、「滝の錯視」と呼ばれることもあります。滝でなくても、同じ方向に動くものを見つづければこの現象は起こります。たとえば、高速道路上で次々と目の前を通りすぎる車を見たり、次々と目の前を走り去るマラソンランナーを沿道で応援する際にも生じます。

一般的には、この現象は、運動を持続して観察することにより、その方向の運動を処理する過程が疲弊することによって生じると考えられています。運動の知覚は、いろいろな方向の運動を検出する過程の出力の総和によって決まると考えられています。一方向に向かって運動する対象を持続的に観察すると、その運動方向の処理を担当する過程が疲弊し、その出力が相対的に落ちることになります。その結果、その運動方向に対する感度だけが極端に低下することになります。それに加えて、持続して観察された運動方向以外の方向の運動の処理を行なう処理過程に関しては持続的観察の影響を受けにくいので、それらの過程の出力が相対的に上昇することになります。そのため、止まっている対象に目を移した場合、相対的に出力が強くなった過程からの信号が強くなるため、それまで持続して観察した運動の方向とは逆方向の運動が知覚されるというわけです。

このように、持続して観察した対象とは逆方向の特性を持つような知覚が生じるということは、運動だけではなく、他の知覚の対象についても生じます。たとえば、色や明るさ、線の傾き、奥行などです。

色相に対する順応に関しては、たとえば、目を固定したまま同じカラー写真を30秒ほど持続して観察した場合、その色彩の見た目の鮮やかさは次第に失われることになります。この現象を利用すると、白黒写真をカラー写真のように見せることも可能です。たとえば、あるカラー写真の色彩を補色に変換した画像を30秒から1分間程度持続して観察したあと、その写真の白黒画像を観察すると、瞬間的に、オリジナルのカラー写真と同じような色彩がついた写真が見えることになります。補色の処理を行なう過程が持続した観察によって出力を落とすと、それ以外の色彩の処理を行なう過程の出力が相対的に強くなります。そのため、白黒写真がオリジナルの色彩を帯びたカラー写真のように見えるのです。

明るさの残効に関しては、図4-6を用意しました。灰色の背景の上に右には白、左には黒の正方形が描かれています。二つの正方形の中央にある注視点を持続的に観察したあと、下の注視点に視点を移すと、何もない灰色の背景上、右に黒、左に白の四角が見えることでしょう。明るさの順応です。

傾きや奥行の順応を引き起こすためには、それぞれ、特定の角度で傾く線や特定の奥行を持つ対象を持続して観察することになります。順応が生じたかどうか確認するためには、傾いた線や奥行を持つ対象の観察のあと、傾きがない線や奥行が平坦な対象を観察することになります。順応が生じていれば、それまで見ていたのとは逆の傾きの線や逆の奥行の対象が見えることになります。

このような残効は運動や色彩、傾き、奥行といった初期段階の視覚の情報処理過程の対

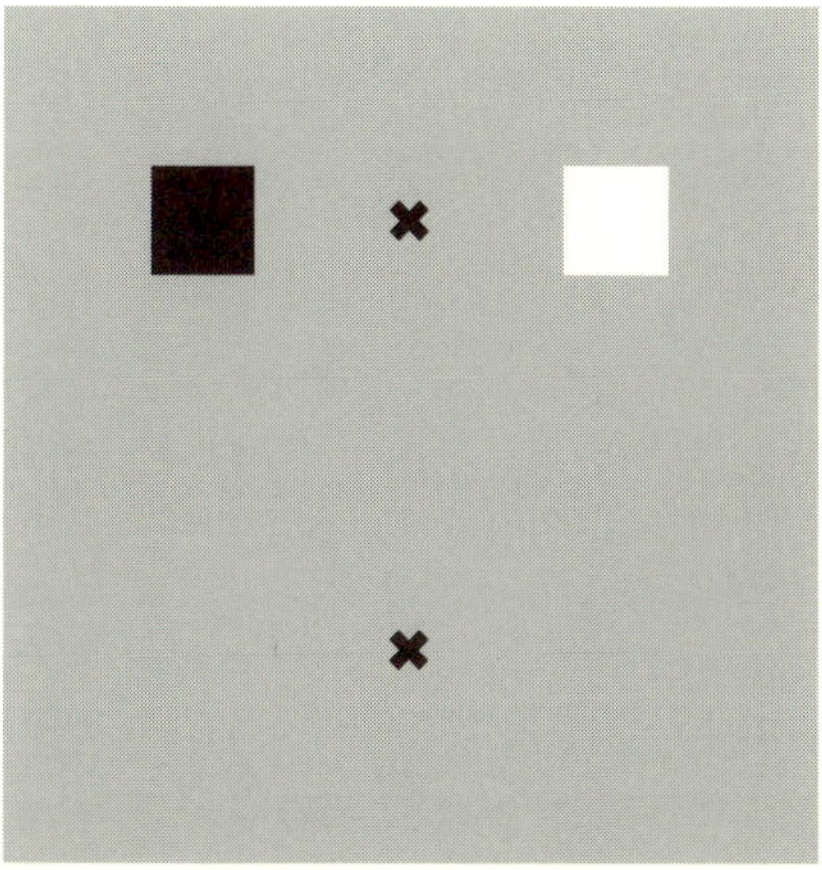

図 4-6　明るさの残効

象となる特性ばかりではなく、比較的高次の知覚特性に対しても生じることが知られています。たとえば、顔の画像の観察における性別や人種、表情、魅力についての知覚でもこのような順応が生じることが知られています[28)]。つまり、男性の顔写真を持続して観察したあとに中性的な顔画像を観察すると、その顔がより女性的に見えることになります。女性の顔写真をしばらく見たあとでは、逆に、その同じ顔画像が、より男性的に見えるようになります。このように、比較的高次の特性の持続的観察によっても順応が生じることから、環境のなかで接する情報の偏りによって生じる知覚過程の基準の調整に順応が重要な役割を果たしているという可能性が指摘されています。

知覚の適応能力

さまざまな光学的装置を使って視覚的な情報を歪ませた場合でも、人間の知覚系には適応可能性があることがさまざまな研究によって知られています。光学的装置によって視覚情報が変換された場合、視覚の情報処理の仕組みが、その変換に合わせて変化するのです。このような適応的な変化を「順応的変化」と呼びます。

たとえば、色のついたガラスからなる眼鏡（色眼鏡）をかけつづけると、色の見え方が変化することが知られています。青色や黄色の色眼鏡をかけた場合、当初は視野中のものが色眼鏡の色に染まったように見えることでしょう。しかしながら、この色眼鏡をかけつづけていると、やがては色眼鏡の色があまり気にならなくなってきます。この時、色眼鏡を外して白い紙を見ると、ガラスの色の補色（色相環上で反対の色）が見えます。このことは、色眼鏡の色を補償するように色彩情報の処理過程が変化することを意味しています。この順応的変化の程度は、変換の時間が長いほど顕著になります。ただし、ドイツのコーラー（Kohler）

という研究者が数日間こうしたような色眼鏡をかけつづけた実験によると、数日では完全順応にはいたりませんでした[29]。

コーラーはまた、眼鏡の右半分は黄色、左半分は青色という2色の色眼鏡をかけたときにも順応的変化が生じることを報告しています。この色眼鏡の場合、視線が右に向くと黄色いガラスを通して、左を向くと青いガラスを通して観察することになります。順応的変化の程度を調べたところ、興味深いことに、視線を右に向けて白い紙を見た場合には黄色の補色の青色が、視線を左に向けて白い紙を向けた場合には青色の補色の黄色が見えるような変化が生じました。つまり、色眼鏡による着色を補償する順応的変化は、網膜の位置に固定的に生じたのではなく、視線の方向についての情報も反映させたものであったことになります。このように、我々の知覚情報の処理過程は、一定の時間にわたって刺激入力が変換されつづけた場合でも、さまざまな観察の状況に合わせて適応的な変化をする能力を備えています。

筆者も、共同研究者とともに左右が逆転して見える「左右反転眼鏡」を装着した場合の順応的変化を調べたことがあります。この左右反転眼鏡では左右の目の前にそれぞれ一つの直角プリズムを置くことによって、視野の左右を反転させる光学的装置です。この眼鏡を通して観察した場合、右を向いたつもりでも視野は左を向いたときと同じような流れ方をします。

自分の右手をあげたつもりでも左側に見える手があがるのが見えます。また、視野の左右が反転されることにより、重要な奥行の情報源である両眼視差が逆転します。その結果として、凹んだ（あるいは凸の）物体を見たときに凸の（あるいは凹んだ）奥行に対応した両眼視差が得られることになり、実際にこの眼鏡を通してさまざまな物体を観察した場合、見かけの奥行方向が逆転することがあります。したがって、この左右反転眼鏡を装着すると、左右判断が混乱するだけではなく、奥行や距離の知覚も影響を受けます。頭痛や吐き気などの自律神経失調に基づく「運動酔い」のような状況になることもあります。しかし、その状況を我慢して眼鏡の装着を続けると、2~3日すると運動酔いはかなりおさまり、左右判断や距離、奥行の見え方も次第に安定してきます。筆者自身は11日間連続してこの左右反転眼鏡をかけつづけましたが、最後の時期には広場を走り回ることができる程度までは順応できました。視野の左右反転という極端な光学的変換に対しても私たちの知覚系は次第に順応していくのです[30]。

色眼鏡や左右反転眼鏡を日常生活でかけることはほとんどないでしょう。では、このような適応能力はどのようなことに役に立つのでしょうか？　どうして、人間の視覚の情報処理過程はこのような能力を持っているのでしょうか？

実は、日常的に、視力矯正用の眼鏡をかけたときにも、前述した光学的装置を装着した場合と似たような順応的変化が起こっています。視力矯正用の眼鏡をかけたことがある人なら経験があると思いますが、新しい眼鏡をかけた場合、周辺視野で見えるものが歪んで見えたり、眼鏡の内側と縁の外側に見えるものとの位置がずれて見えて、めまいや頭痛などが生じたりすることがあります。眼鏡をかけた場合、裸眼の時とは光の屈折が異なるから、実際にこのような網膜像のズレが生じているのです。しかしながら、たいていの場合、2～3日のうちにほとんどめまいや頭痛は感じられなくなり、1週間も経ってしまえば、何の不自由も感じられなくなっていることに気づくことでしょう。視覚の情報処理過程がその眼鏡に順応するために変化したのです。レンズの屈折率や視野のサイズの異なる新しい眼鏡に変えたとき、また同じようなことが起こるでしょうが、やがてはまた順応することになるでしょう。

こうして見ると、私たちの視覚系はとても順応可能性に富んだ柔軟なシステムであることがわかります。

空間の錯覚

なお、実際のものの物理的な特性そのままが知覚できないということは、時間に関わることだけではありません。空間に関わることについても多くの錯覚、錯視が存在しています。その例として、ここではいくつかの空間に関わる錯視について紹介しておきましょう。空間的な錯視の特性を知ることで、時間に関わる錯視の特性も理解しやすくなることでしょう。

ただし、空間に関する錯視には実に多様なものがあって、その多様なものをここで紹介するには紙数が足りません。そこで、空間的な錯視の重要な特徴のいくつかを示すために図を用意しました。これは「テーブル板の錯視」と呼ばれるものです（図4-7）[31]。この図形の何が錯視かというと、テーブル板を構成する平行四辺形は実は同じものであるということです。たいていの読者には、左のほうが長細く、右のほうが太めの平行四辺形に見えるかもしれません。しかしながら、物差しなどで測ってみればわかることですが、これらはどちらも同じ平行四辺形なのです。

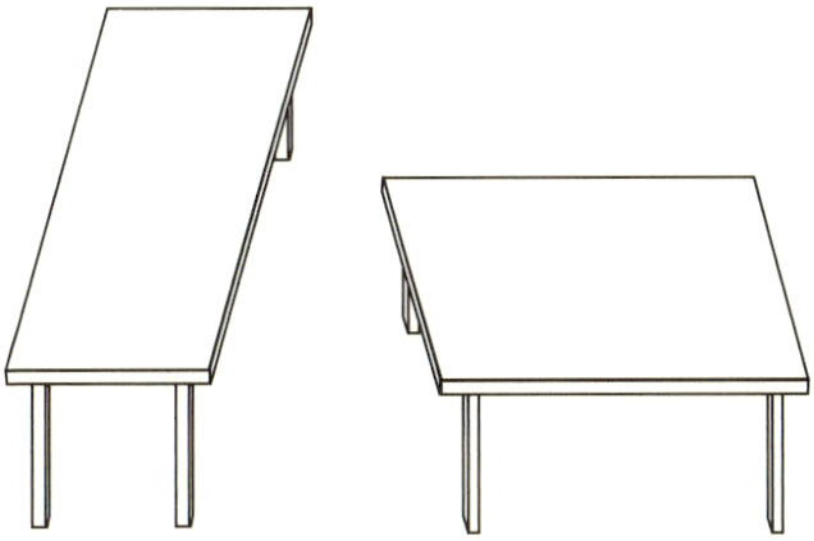

図4-7　テーブル板の錯視

どうして、また、同じ平行四辺形の形や大きさが異なって見えるのでしょう？　これには手前にある面が後方にある部分を遮蔽していることを示すT字型の交差や立体的な頂点を示すY字型の交差（図4-8）など、局所的な立体情報が含まれています。こうした局所的な特徴があると、我々の視覚系はこの絵を立体的なオブジェクトを描いたものとして自動的に見てしまうのです。3次元的なオブジェクトの一部として見た場合、平行四辺形はもはや同一の2次元的な面ではなく、知覚の3次元空間のなかにそれぞれ異なる広がりを持つオブジェクトとして見えてしまうのです。2次元的な面の上ではまったく同じ平行四辺形であっても、3次元的な特徴として見た場合のつじつまを合わせるために、そのかたちの見え方が変えられてしまったのです。

こうした幾何学的な錯視の基礎にあるのは、錯視を構成する線の交差や傾きといったような局所的な図形的要因です。

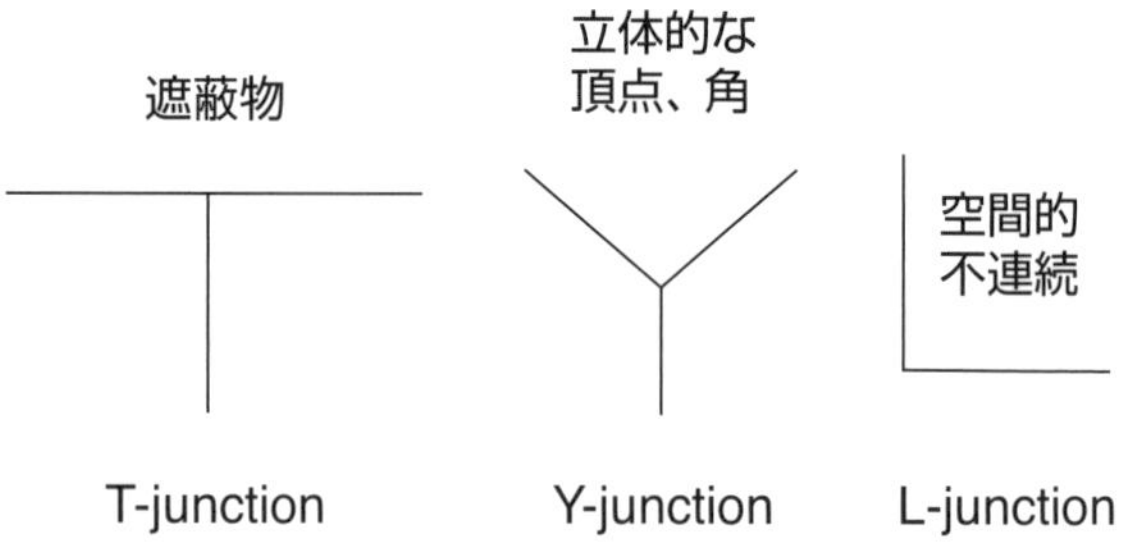

図 4-8　さまざまな接合（Junction）と奥行情報

こうした局所的要因が存在していると、我々の知覚のシステムは実際とは異なる大きさや傾きの知覚を自動的に成立させてしまうのです。

たいていの観察者においてこうした錯視が生じることから、この錯視を成立させている知覚のルールが多くの観察者の知覚の処理過程において適用されているものと考えることができます。

また、もう一つ重要なのは、このような錯視があることを知り、さらに物差しなどで測って、長さが同一だったり、平行線が描かれていることを知識として得たとしても、見え方は変わらないということです。つまり、知識があっても錯覚は回避されないのです。人間は確かに知識を得、それを蓄える能力が他の種の動物より高いと言えます。とはいえ、たとえこのような知識や経験に関する蓄積の能力が高かったとしても、それによって知覚体験を完全に矯正することはむずかしいようです。

知識や経験に基づく錯覚

逆に、知識や経験に基づいて見え方が決定されるような錯視が存在しています。図4－9はもともと立命館大学の北岡明佳教授が見つけた「立命館湖の錯視」と呼ばれる現象に関するものです[32)]。

この絵はどう見えるでしょうか？　たいていの人は、静まり返った池か湖の水面に彫刻が映っているように見えるのではないでしょうか？

ところが、実は、上下逆さまの写真をつなげて作ったもので、実際にはこの場所には池や湖は存在していません。上下逆さまの写真をつなげて作っただけなので、これを池と彫刻と見る必然性はないはずです。ところが、我々は、このようなシーンが得られるのは落ち着いた水面とその向こうに彫刻などがある場合だという経験をしています。この経験にしたがって、勝手にこの映像の意味を決定し、それに合わせて映像を見てしまうようです。

図 4-9　「立命館湖の錯視」：水面に映る彫刻
（ローマ、ボルケーゼ公園のゲーテ像）

このような映像を水面と彫刻として見る傾向は日常の知覚経験によって成立するものなのでしょう。したがって、池や湖を見る経験が得られないような地域に住む人たちは、このような絵を見て水面と彫刻とは見ないかも知れません（実際に確認されているわけではありませんが）。

運動と時間の錯視

どのような場合に時間の経過が体験できるでしょうか？　昔から動きや変化の知覚が成立した場合に時間の経過が体験可能になるということが指摘されています。したがって、時間の体験にとって運動の知覚は本質的に重要な意味を持っています。

本来、運動は単位時間あたりの位置の変化によって規定できます。したがって、運動の知覚は、環境や観察者の時空間的な特性に関しての情報処理としてとらえることができます。つまり、時間と空間の両方の特性に関する情報の処理に基づく知覚が運動知覚と見ることができます。

図 4-10　オオウチ錯視

運動の知覚の重要な特徴として、知覚の上では物理的な位置変化はないにもかかわらず、動きの知覚が成立することがあります。この現象は運動錯覚と呼ばれています。そこで、この節では、運動の見えや運動の錯覚の成立要因について見ることにしましょう。

たとえば、図4-10は1970年代に日本人のオプ・アーティスト（オプ・アートとは、知覚の特性を利用した芸術の一分野の名称です）によって作られた図形で、「オオウチ錯視」と呼ばれているものです[33]。この図4-10をしばらく凝視していると、やがて中央の小さな円形の部分がより大きな円からなる背景の上でゆらゆら動いているように見えたり、小さな円と大きな円とがそれぞれ異なる動きをしているように見えてくることで

図 4-11　フレーザー・ウィルコックス錯視
拡大縮小運動を示すもの

しょう（動きの見え方には個人差があるようです。もし運動錯覚らしきものが成立しない場合、本を上下か左右に細かく動かしたり、観察距離を変えてみてください）。この錯視の成立には、粗さや方向の異なる格子模様の重なりが需要な役割を果たしていると考えられています。

図4-11は1970年代に見つかったフレーザー・ウィルコックス錯視と呼ばれる錯視をもとに作成されたもので、周辺視野で生じる運動錯覚です[34]。図4-11の下の説明文を読みながら観察すると、図中には実在しない拡大運動（中央）や縮小運動（左右）が見えることになります（じわじわとした動きなので、照明条件によっては動きの見えははっきりしないかもしれません）。錯視図形を構成するエレメントの内部に明るさのグラ

図4-12　斜めの線分からの運動錯視

デーションがあると、暗いほうから明るいほうに向けての運動信号が検出されることでこの錯視が生じるのです。

図4-12は、一般的には「ピンナ・ブレルスタッフ錯視」と呼ばれている運動錯視[35]をもとに作られた運動錯覚図形です。中央の十字を注視しながら絵に近づいたり遠ざかったりすると、同心円状に配列されたエレメントが回転して見えるという錯覚です。なおオリジナルのピンナ・ブレルスタッフ錯視では、エレメントは平行四辺形型でしたが、筆者は、共同研究者の政倉とともに同様の運動錯視は、平行四辺形のエレメントではなく、斜めの線分を並べただけでも生じること（図4-12左。たとえば、10㎝ほど近づきながらこの図を観察した場合、内側の円は時計回り、外側の円は反時計

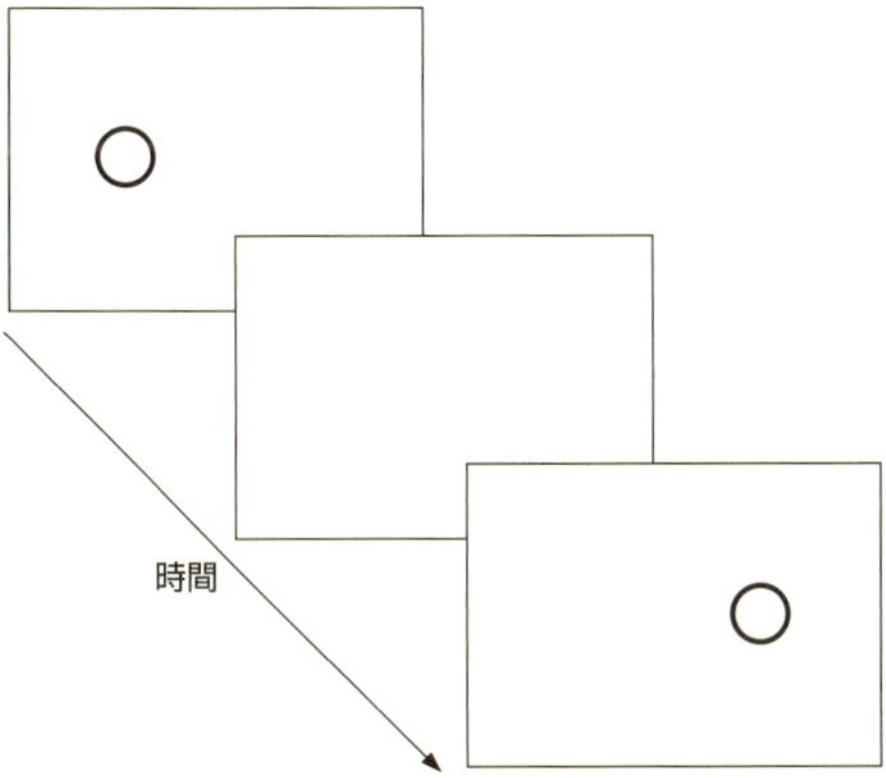

図 4-13　仮現運動

回りして見えるでしょう）、斜めの線分の方向にある程度の一貫性があれば同じような錯視図形を手描きで作成できること（図4-12右）を見いだしました[36]。どうやら、エレメントに斜めの構造があると、そこから、誤った運動信号が検出されてしまうようです。

図4-13は、時系列の進行にしたがって視覚刺激を出した場合を模式的に描いています。3枚の白色のパネルを次々と提示するのです。1枚目のパネルの中心からやや左寄りの位置と、3枚目のパネルの中心からやや右寄りの位置に、黒い線で円が描かれています。2枚目のパネルはまったくのブランクです。この時、2枚目のパネルが提示される時間の長さと、1枚目と3枚目のパネルに描かれた円の間の空間的距離とが大きすぎなけれ

ば、我々人間の観察者には一つの円がスムーズに右方向に移動したように見えるのです。パネルの上では、実際には動いている対象は何も存在していないのに、人間の観察者には、円が動いたように見えてしまうのです。これは「仮現運動」と呼ばれる一種の運動錯覚です。また、2枚目のパネルが提示される時間の長さと、1枚目と3枚目のパネルに描かれた円の間の空間的な距離がある適当な範囲であれば、2枚目のパネルには何も提示されていないはずなのに、円が移動する軌跡が見えるのです。これは、仮現運動のなかでも特にφ《ファイ》運動と名付けられた現象です。

ここまで紹介してきたさまざまな種類の運動錯覚ですが、どうして生じるのか、まだ完全には解明されていません。しかしながら、これらの錯覚図形の観察においては、本来、紙上や網膜像においては存在していない運動が見えることになります。特定の図形的特徴があれば、こうした運動錯覚の現象から、本来は存在しないような動きが見えるということが理解できるでしょう。

運動している対象の速度もさまざまな要因によって実際とは異なって知覚されます。たとえば、薄い灰色と濃い灰色の縞模様の背景上を白と黒の刺激が等速運動するのを観察すると、あたかも両足が交互に進むように知覚されます[37]。この錯視現象（Foot steps 錯視と呼ばれています）を発見したアンスティスは、強い信号ほど処理が速いという知覚処理の原理をこの錯視の説明に適用しています。視覚対象の処理速度は背景とのコントラストが高いほど速くなることに基づくと考えているのです。彼の説によると、濃い灰色の上では黒よりも白の対象の処理速度が速くなり、薄い灰色の上では逆に白よりも黒の対象の処理速度が速くなるため、白と黒の対象の速度が交互に速くなったり遅くなったり見えると考えられています。

その他にも、弱い信号は強い信号に比べると処理が遅くなることが指摘されています。このことに基づく錯視もあります。たとえば、黒い背景の上に大きな白い文字と青や赤の小さな文字が印刷されていた場合、あるいは、白い背景の上に黒い大きな文字と黄色や水色の小さな文字が印刷されていた場合、その紙を机の上で左右に動かすと、背景の上でコントラストが低い文字が白や黒の文字に比べると遅れて動いているように見えることになります（http://www.psy.l.chiba-u.ac.jp/labo/vision2/ColorWords.html）。文字の代わりに細かいドットからなる模様を使った場合にも同じような現象が生じます（カバー参照）。こうした紙面を視点に近づけたり遠ざけたりすると、文字や模様の一部が紙から離れて弾むように見えます。背景との明るさの違いによって信号の強度は異なります。背景との明るさの差が大きいほど信号は強くなり、したがって、処理も早くなります。また、文字や模様も大きいほど、信号が強くなります。背景との明るさの差や文字や模様の大きさによって処理の時間が異なるため、紙を左右や前後に動かすと、それぞれの色の文字や模様が異なる位置にあるように見えてしまうのです。

動画像の観察が時間評価に影響をおよぼすことが知られています。たとえば、動画像のスローモーション再生中に提示された視覚刺激の持続時間は通常速度で再生中に提示された視覚刺激のそれより短く知覚されます[38]。この現象は、自然画像の運動でなくても、生じることが知られています。たとえば、田山はランダムに配置されたドットが水平方向に動く速度や、放射状に配置されたドット刺激の回転速度が速くなるにつれて、その刺激が提示されていた時間が長く感じられることを示しています[39]。どうして画像の運動速度に対応して感じられる時間が伸長するという錯覚が生じるのかについてはまだ解明されていません。同じ時間間隔のなかで生じるイベントの数は速度に応じて増えます。第3章の第6節で紹介したように、認知されるイベントの数が多いほど時間を長く感じるという錯覚があるので、動画像の速度と感じられる時間との対応関係にも同じような規則が関わっているのかもしれません。

ラバーペンシル錯視（ゴム鉛筆の錯視）もよく知られた錯視です。鉛筆の中央からやや離

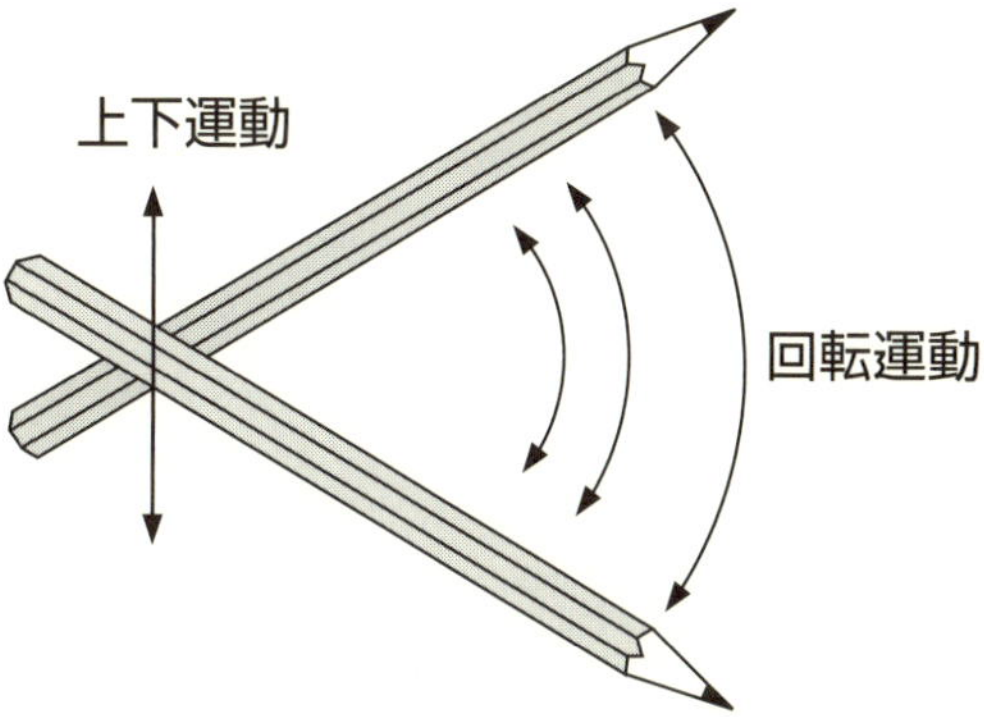

図 4-14　ラバーペンシル錯視

れたあたりを人差し指と親指とではさんで、この2本の指で挟んだあたりを軸に揺らしながら手全体を上下させると、鉛筆があたかもゴムでできているかのようにぐにゃぐにゃ曲がっているように見えます（図4-14）。この現象は、必ずしも鉛筆に限った錯覚ではありません。同じように動かせば、鉛筆でなくても、ボールペンであっても、ただの棒であっても生じます。この錯視の成立過程についてもまだ完全には説明がついていませんが、速過ぎる運動はちゃんとした視覚的処理ができないことが関連しているものと考えられます。すなわち、運動が視覚にとって速すぎるあたりでは鉛筆はまったく見えないです。それに対し、鉛筆は往復運動しているので、揺れが方向転換をして動きがゆっくりになるところでは鉛筆がしっかりと見えるということになります。鉛筆が上下に移動しているため、鉛筆の各部が最もゆっくりになるのに時間差があります。そのため、鉛筆が実際とは異なり、ゴムでできているようにぐにゃぐにゃして見えるということになると考えられます。

時間の高速化の危険

ここまで見てきたように、錯覚にはさまざまな特徴があります。局所的な特徴に基づくこと、知識や経験によって知覚の内容は修正されないこと、知識や経験によって錯視は失われないこと、むしろ、知識や経験に基づいて、実際とは異なる見え方が成立することがあることを示しています。

これらのうち、刺激の構造的特性に基づいて知覚認知される内容が決定されること、知識や経験によって錯視は失われないこと、避けられないことは、時間的な錯覚だけではなく、空間に関する錯覚にも認められることです。こうした特性は、時間と空間の錯覚にとって共通の特性と言えます。感じられる時間が一定の法則によって実際とは異なるものになるという知識があっても、時間の錯視は消失しないし、感じた時間が知識や経験によって修正されることもないのです。

時間に関しても空間に関しても、我々の体験の内容を決定しているのは我々を取り囲んで存在している世界の物理的な特性そのものではなく、外部の特性を生体信号（神経の興奮）に置き換えた結果の生体の状態だと言えます。そのような生体信号への変換は、観察の対象となっている物体の部分的な特徴からの立体形状についての情報の抽出や単位時間あたりの出来事の数などにしたがって、特定の規則に基づいて決められているようです。このことは、我々の知覚している空間や時間の特性が、常に実際の物理的に規定されるような空間的、時間的特性とは違っていることを意味しています。

フォン・ユクスキュル[40]が紹介したように、ダニは二酸化炭素の濃度にしたがって獲物に近づいたり、温度にしたがって餌となる血を得られるような獣の毛の奥まで到達できます。二酸化炭素と熱を操作することによって、ダニにとって完璧な知覚世界を作り出すことは可能でしょう。

人間の場合、ダニよりは知覚様相が多いため、完璧な知覚世界を作り出すには、多くのチャンネルを使う必要があるでしょう。とはいえ、原理的には、ダニと人間との間に違いはありません。知覚認知系を含む我々の生体的状態が、我々が体験する世界の空間的、時間的な特性を決定すると考えられます。

これはちょっと怖いことに感じられるかもしれません。実際に、知覚の内容が周囲の物理的な特性とずれているということは、潜在的な危険を生じることでしょう。

自分の足で走ることがせいぜい最速の移動手段であったころには、0・1秒程度の知覚のズレが致命的な問題に発展することはなかったことでしょう。ところが、我々は技術の発展により、高速の移動手段を獲得し、さまざまなメディアを介してこれまでにないほどの大量の情報に接しています。こうした状況はこれまでの人類の進化の過程にはなかったことです。高速での移動時にはほんの0・1秒の遅れが致命的な結果につながる可能性は、これまでになかったほど高くなっていることでしょう。また、人間が持っている知覚認知的な制約が、見落しなどのさまざまな現象を引き起こしていると考えられます。車で移動していて、障害物を見落すということは運転者にとって非常に危険な問題です。また、歩行者を見落すことがあるということは、自らは高速で移動しているわけではない人も潜在的に危険な状態に巻き込まれていることを意味しています。

筆者も朝の通勤などの際、車を使用することが多くあります。そんな時、大学に近づくにつれ、急に自転車が飛び出してくることがあります。筆者の勤めている大学の正門前の交差点には信号がありますが、そこまでは長い距離にわたって信号機がありません。そのため、正門前の赤信号で止められる可能性があると、ついつい信号のないところで車道を横断してしまったりするのでしょう。この大学に異動してすぐのころには、いきなり飛び出した学生にびっくりさせられることもありましたが、講義開始前の時間帯にはよくあることだということがわかってきましたので、今では動転することもなく、ゆっくり減速しながら自転車をやり過ごすようになりました。

とはいえ、この学生は知っているのでしょうか？　知覚の成立にはどうしてもある程度の時間がかかってしまうので、ドライバーはリアルタイムに自分が道路に飛び出したことに気づいていないことを。また、同時に認知できる出来事の数には制限があるので、学生が道路に出たのとほぼ同時により顕著な出来事が起こっていたら、ドライバー自身がその学生に気づきさえしないこともあり得るかもしれないことを。ドライバーの知覚にこのような制約があることを考えると、道を横断する際、自転車をこいでいる学生にはもう少し慎重になってほしいと思います。

自分の足で歩いたり走ったりしながら移動するのであれば、このような認知的な制約が致命的な問題に発展することはないのでしょうが、今は状況が変わってしまいました。学生は自転車を急いでこいで高速移動しているし、筆者は車を運転しているわけです。しかも、両者が接触した場合、自転車に乗っている学生のほうが車を運転している筆者よりも圧倒的に大きな衝撃を受けることになります。自分も他人も、瞬時にいろいろなことに気づくはずだというような人間の知覚認知能力の過大評価は危険だと思います。

まずは、人間にどのような錯覚があるのか知る必要があるでしょう。その上で、危険が生じない程度までその錯覚の危険性を下げるためにはどのような方法があるか考える必要があるでしょう。人間自身がこれまでなかった程度まで生活環境を変えている現状から考えると、時間や空間に関する知覚や認知の特性に関する科学的理解の必要性は増していると言えます。

錯覚の理解とその可能性

ここで紹介してきたような空間や時間に関する錯覚があることを知って、読者は人間の知覚がいい加減だと嘆かれているかもしれません。確かに、刺激の物理的な特性がそのまま知覚されるわけではないのは事実です。さまざまな錯覚は、おそらくは、宇宙の物理的特性を理解しようという問題意識からすれば、我々自身が宇宙の物理的な特性を体験することを阻む、厄介なものでしかないでしょう。

とはいえ、ここまで紹介してきたような錯覚は、人間の知覚の仕組みがいい加減であることを意味しているわけではありません。この章で紹介してきたような錯視図形が、多くの読者に共通の錯視現象を引き起こすことができるということから、こうした知覚の特性にはある程度の一貫性があることがわかるでしょう。この本のように、さまざまな錯覚図形を観察し、錯覚の体験を他の多くの読者と共有できるということは、私たちが人間特有の共通の知覚の仕組みを持っていることを意味しています。私たちがこうした錯視図形の観察で得た知覚の内容は決して図形の物理的特性と一致していなくても、錯覚の一貫した特性は私たち人間が特定の体験を共有することのきっかけとなっているのです。

しかも、本章で見てきたように、それぞれの錯覚にはどうやら何らかの規則性があるようです。宇宙の物理的特性の理解を目的とする学問大系にとっては、人間の錯覚やその基礎にある人間の情報処理の特性の規則性が重要な意味を持つことはないのかもしれません。ところが、さまざまな錯覚の基礎にある知覚の情報処理における規則性を理解するということは、我々人間自身にとってはとても重要な意味を持つものと思います。空間や時間に関するさまざまな錯覚があるということは、我々が体験している空間や時間が、物理的な空間や時間とはずいぶん異なる特性を持っていることを意味しています。我々が体験している空間や時間にはどのような特性があるかということを理解するということは、我々人間自身にとっては、物理的な時間や空間の特性を理解するのと同じように重要な意味があることでしょう。それは、我々人間自身が人間とはどのような存在であるかということの理解を深めるだけではなく、このような理解を進めることによって、生活の質の向上や潜在的な危険性を避けることにもつながることだと考えられます。

たとえば、知覚や認知における規則性が理解できれば、人間特有の特性によって生じやすい見誤りや見落とし、それによって引き起こされるさまざまな危険を避けることも可能になることでしょう。

多くの交通事故が車のドライバーの不注意によって起こると言われています。この章で見てきたように、ある対象が視野のなかに入っていたとしても、それが見えるとは限りません。注意をしっかりとある対象に向けていた場合、それ以外の対象には注意が向けられないことになります。注意を向けられなかった対象は、気づかれるのが遅れたり、そもそも見えなかったりします。このように、注意を向けていたからこそ生じる見落としがあることを考えると、不注意が原因で起こる事故にもさまざまなケースがあるものと推察されます。どのようなときに見逃されやすいのか、どうすれば見落としを避けることができるのかがわかれば、不注意に基づく事故の一部を避けることができるかもしれません。また、ドライバーの知覚認知的な限界を補助するような情報提示装置を車に搭載できれば、さらに事故の件数を減らすことにつながるかもしれません。

また、錯覚を利用することで、実際には存在しないものを見せたり体験させたりするようなさまざまな表現をすることも可能になるでしょう。

実際、私たちは、錯覚を利用することでさまざまな映像情報コミュニケーションを成立させています。そのよい例として、私たちが毎日接しているテレビやパソコンにおいて使われているディスプレーにおける色彩と運動の提示をあげることができます。これらは、人間の知覚の特性を利用することが、情報コミュニケーションの可能性を広げた事例と見ることができます。さまざまな錯視現象を引き起こす原因やその現象の基礎にあるメカニズムについてはまだ完全には解明されていないとはいえ、錯視を利用した技術は私たちの日常生活にすでに深く広く浸透しているのです。私たちの知覚の特性を理解することによって、現在ある道具は将来さらに改善されることになるでしょう。

一般的なカラーテレビやパソコンのディスプレーなどでの色彩表現は「混色」という錯視を利用しています。こうした映像提示装置上に実際に存在しているのは赤、緑、青の3色の光に対応した波長の光です。この3色を組み合わせることでさまざまな色彩を表現できるのは、人間の色覚が3種類の錐体という視細胞の活動に基づいて成立するからです。この3種類の錐体は、それぞれ赤、緑、青にあたる波長の光によってよく興奮します。したがって、この3色の光をさまざまな強度で提示することによって、さまざまな色彩を表現することができるのです。たとえば、画面上で赤、緑、青の3色をそれぞれ最大輝度にすると、3種類の錐体がそれぞれよく興奮することになります。その結果として、その光は白色に見えることになります。赤と緑の2色をそれぞれ高い輝度で提示すると、赤錐体と緑錐体が強く興奮することになります。その結果、その画面中には黄色にあたる波長の光は存在していないにもかかわらず、黄色の知覚を成立させることになります。我々が日常生活で使っているほぼすべてのカラーディスプレーはこの原理を利用することで、有限な3色（赤、緑、青）だけを使って無数の種類の色彩を提示することに成功しているのです。

実は、人間は短波長領域の光によって最も強く活性化されるS錐体、中波長領域の光によって最も強く活性化されるM錐体、長波長領域の光によって最も強く活性化されるL錐体という3色の錐体を持っていますが、他の動物は錐体の数が異なります。また、人間と同じ3色の錐体を持つ動物種であっても、3種類の錐体が対応している光の波長は人間とは若干異なっています。したがって、人間向けにできたカラーディスプレーは、他の多くの動物にとっては、さまざまな物体の自然の色彩を表現するのには適しません。色彩の表示のためには、それぞれの動物種に合わせたカラーディスプレーが必要になるのです。

テレビやパソコンの画面による運動の表現も錯覚が利用されています。テレビやパソコンのディスプレー上には、実際には動いている物体はなにも存在していません。そこでは、特定の時間の幅のなかで、輝度の分布が変わっているだけです。にもかかわらずディスプレーを用いて動画像を提示できるのは、実はディスプレーが前に紹介した仮現運動という錯視（図4-13）を利用しているためです。実際には画面上には物理的に動いているものは存在しなくても、背景と輝度差によって区別される領域が一定の時間の幅のなかで位置や形状を変えると、大脳皮質にあると考えられる運動検出器が運動信号を検出し、動きの知覚が成立するのです。位置や形状の変化が小さすぎたり、あるいは変化に要する時間が長すぎたり短すぎたりすると、運動信号は検出されず、動きは見えないことになります。動きが見えるためには、変化に要する時間が大事ということになります。これは、おそらくは、自然環境中で生存していくために検出が必要な動き（それは、頭上からの石の落下だったり、迫りくる捕食者や目の前を逃げる獲物の疾走だったりするでしょう）が一定の時間の幅のなかで生じることによるのでしょう。

実は、多くの生物種が同じような仮現運動の原理を用いて運動信号を検出しています。したがって、色覚のタイプによって表現手法が異なる色彩とは異なり、多くの生物種に対して人間用のディスプレーを使って運動表現することができます。運動錯視には、前述したように、仮現運動以外にもさまざまな種類があります。そうしたもののいくつかは人間特有なものでしょう。こうした運動錯視の原理を理解することによって、人間向けの新たな動画像表現の技術を手に入れることも可能でしょう。たとえば、フレーザー・ウィルコックス錯視やオオウチ錯視、ピンナ・ブレルスタッフ錯視を成立させる原理を用いることで、電力を必要としない印刷物による動画像表現が可能になるかもしれません。

バーチャルリアリティーの技術も、錯覚を利用し、実際には目の前にない対象や環境の体験を利用者に与えるという技術と見ることができます。実際の対象や環境から得られる外部の刺激がなくても、その対象や環境があるときと同じような刺激や、生体信号を与えることができれば、あたかもその対象や環境を眼の間にしたのと同じような体験を形成することができるはずという発想がバーチャルリアリティーの根底にはあります。実際、多くの錯覚の研究者がバーチャルリアリティー研究に参入しているのです。バーチャルリアリティーの技術は、錯覚の応用的研究の典型例の一つと見なされています。

このように、錯覚やその基礎にある我々の知覚認知のシステムの理解は、我々が人間自身の存在論的理解を進めるというだけではなく、生活の質の向上にもつながるような可能性が期待されている試みです。ところが、古くから知られている錯覚の多くも、まだ誰もが納得するような解明がなされているわけではありません。私自身、時間に関する錯覚だけではなく空間に関する錯覚も研究していますが、まだまだ多くの錯覚がちゃんと理解されないままの状態にあります。そればかりか、パソコンを使って誰でもさまざまな映像や音を作ることができるようになったせいか、ここ15年程度の間に、これまでにないほどのペースでさまざまな錯覚が見つけられています。そのうちいくつかは、それぞれの分野の研究者が、それまでの知識に基づいて、狙って見つけたものということになりますが、多くの錯覚は偶然見つかったものだと思います。読者の皆さんも、もしかしたらこれから新しい錯覚を見つけるチャンスがあるかもしれません。

これまでに見つかった錯覚でさえ十分に解明されていないのに、次々と新しい錯覚が見つかるという状況なので、実験心理学者としては、どんどん宿題がたまっていっているような気分になることがあります。どうして、なかなか錯覚の解明が進まないのか考えることがあります。実験的な研究を行なう際の問題の立て方が間違っているのでしょうか？　おそらくは、そういうこともあるでしょう。でも、最も大きな理由は、この分野の研究者の数が少ないということにあるように思います。たとえば、筆者の属している日本国内の学会では、視覚に関する学会である日本視覚学会の会員は、有職者と学生を合わせて約４５０人、基礎的な実験心理学に関わる研究者の学会である日本基礎心理学会の場合、同じく約４５０人です。錯視の研究は、こうした学会の構成員の一部が取り組んでいます。こうしたことから見ると、日本全国を見渡して、錯覚や知覚認知の研究を専門的に行なっている人たちの数は５００人に満たないのではないかと思います。また、こうした人たちも、常に研究ばかりしているわけではありません。私のような大学の教員になると、研究よりはむしろ、大学の運営に関わる委員会や教育に関する仕事をしている時間のほうが長くなっています。こう考えると、なかなか錯覚に関する解明が進まないのは仕方のないことのように思います。

考えてもみれば、見たり、聴いたりすることを調べることで生活の糧を得られるような職業や、そういう職業が可能になるような社会は、そうそう簡単には成り立たないように思います。現時点では少しずつではありますが、知覚や認知の過程の基礎、錯覚の現象の規則性についての解明を進めていける状況ではあります。ところが、このような状況は、社会がある程度、余裕を持って初めて可能になるものだと思います。生活の糧を得るための労働に長い時間をかけなくてはならない状況では、知覚について研究することが可能にはならないでしょう。現に、錯覚の実験的な研究が行なわれるようになったのは19世紀の後半以降のことです。また、現在でも、錯覚や錯視の研究発表を行なうような学会の参加者は主には北米と欧州、東アジアといった限られた地域から来ています。錯覚や錯視の研究の成果を発表するような投稿雑誌の著者も、同じような傾向にあります。また、たとえ現代の日本であっても、錯覚の研究を実施できるような職が多くあるわけではありません（ここのところ、日本の全国の大学における基礎的な研究のポストの数は減少傾向にあるようで、今後の動向が心配されます）。このような状況から判断すると、ある程度安定して、生活に余裕のある地域や時代でなければ、錯覚や知覚、認知に関する基礎的な研究を行なえるような仕事のポストがないということなのでしょう。錯覚に限ったことではありませんが、基礎研究は、その研究を実施することに意義を見いだし、実施できる環境にある人や社会が取り組まなければ、進まないものなのでしょう。この本を読んで、錯覚や知覚、認知に興味を持たれた読者から、こうした研究に意義を感じて、研究に参入したり、意義を認められるような人が少しでも増えればと願うばかりです。

第4章（65ページ）を読むのにかかると予想される時間	時間
実際にかかった時間	時間

第5章

時間のカスタマイズ

今は今でしかあり得ない

私たち自身は時間的に有限な存在です。毎日が同じように繰り返される日常生活のなかでは見えにくくなっていることですが、誰でもいつか命の終わりを迎えることになります。心理学の古典的研究が示してきたように、人間には、自分自身の心理的価値を低くするような事柄を見えにくくする特性があります。そのような仕組みのことを総称して「自我防衛機制」と呼びます。時間を均一的なものとして認識しようとする欲求は、もしかしたら、私たち自身の時間的制約、つまりは死から目を逸らそうとする根本的な自我防衛機制に基づいているのかもしれません。我々が、死というやがては誰にも例外なく訪れることについて眼を背けがちであることは、多くの実存主義的な思想家が指摘してきた事柄です。ところが、たとえ現実から眼を背けたとして、誰もそのような無時間的な存在ではあり得ません。

確かに、死は人間にとってはどうしても回避することのできない限界の一つでしょう。個々人のレベルで考えると、誰もいつまでも生きることはできません。個々人は、人類の長い歴史のなかのほんの一時期にしか存在できませんし、その間、どれだけの権力を持っていたとしても、おそらくはその影響力も、長い人類の歴史のなかではほんの一時期だけに限定されていることでしょう。そのような時間的な限界があるということも、誰にとっても自分自身の価値や自尊感情をおとしめてしまうことになるだろうと思います。長い人類史上では、個々人は海辺の砂浜の砂の一つひとつのようなものでしかないように見えてしまうかもしれません。このことも、自分がいつかは死ぬということ以上に、誰にとっても直視したくない現実かもしれません。自分自身が無数にある砂粒一つと同じように見えてしまうということは、自我防衛機制によって、見えにくく、抑制されてしまうということは十分に考えられることです。

ただし、時間的に有限であるという人間の特性に反するような無時間的な生活が可能になったとしたら、それはどのようなものなのでしょうか？　それは、どれほどうらやましいことなのでしょう？

1980年代に活躍したロックバンドのトーキングヘッズにHeaven（天国）というタイトルの曲があります。Heavenというのはバーの名前なのですが、そこではパーティーが開かれていて、大好きなバンドが大好きな曲を次々と奏でてくれるのです。やがてパーティーが終わり、皆キスをして別れます。と同時にまたパーティーがはじまります。また、さっきと同じようにバンドが大好きな曲を奏でてくれます。やがてパーティーが終わり、すぐにまた同じようにパーティーがはじまり、いつまでもいつまでもこれの繰り返し…。

この天国というバーは一見、理想的に楽しい幸福な場所と思えるかもしれません。でも本当にそうでしょうか？

この詩には作曲と作詞を担当したデビット・バーン独特の諧謔が見て取れます。天国がこういう無時間的なところだと考えると、それは幸福には違いありません。しかしながら、このようなパーティーにいつまでも参加することはうらやましく感じられるでしょうか？　むしろ、どうも気味悪さ、居心地の悪さも感じられないでしょうか？　あえて繰り返されることがバーでのパーティーであるということからは、たとえ楽しいことであっても、繰り返されていくうちに生じる馬鹿馬鹿しさや空々しさのようなものも強調されているような気がします。それに比べると、むしろ楽しい時間が限られている現世のほうがかえっていとおしく感じられてしまうのではないでしょうか。

トーキングヘッズのこの曲を聴いていると、理想的な状態を夢見るよりも、日常のなかで、毎日を有意義に過ごせるように試みること、いつまでも同じことを楽しむのではなく、新たに楽しめること、その時だからこそ意味があることを見つけて、そのことに取り組む時間を持つことが大事に思えてきます。

すでに何度か指摘したように、人間は致死率100%の存在です。誰も死を免れることができません。昨日よりは今日、今日よりは明日、誰もが1日ずつ、死に近づいていることになります。おそらく、豊かな時間を得るためには、この現実から時間を見直す必要があるのでしょう。そこには季節のように周期的な時間と、一生のうちで1度しかない一期一会的な時間が流れています。いつでもあり得るような均質化された今ではなく、今しかあり得ない今が常にあることになります。

人間は、その身体的かつ精神的な制約から、グローバル化された均一で延々と続く時間を生きることはむずかしいのです。むしろ、どのように時間を分節化して1日や1ヶ月、1年、10年という期間を意味ある時間にすることができるかが身体的制約から離れることができない人間にとって重要な問題となるのではないかと思います。

人は時間を楽観的に使っている

経済学における心理学的研究の貢献によって2002年のノーベル経済学賞を受賞した心理学者のカーネマン（Kahneman）は、早世した共同研究者のトヴァスキー（Tversky）との共同研究において、人間は時間の使い方において不適切で楽観的な傾向をもともと持っていることを指摘しています[1]。それは、一種の認知的な錯覚だとも述べています。つまり、この楽観的な見通しによって、私たちはついつい予定の時間をオーバーしてしまうという「計画錯誤」を引き起こしやすいという傾向を持っていると言えます。おそらく、人間にはこのような認知的錯覚があるということについての知識を持っていたとしても、同じような誤りを何度も繰り返してしまうことも第4章で見た多くの錯覚と共有する特性でしょう。

では、どうしてこのように楽観的見通しが生じてしまうのでしょうか？　どうして私たち人間には、過去の失敗から学んで同じ失敗を繰り返さないようにすることに困難があるのでしょうか？

これらの問題については、誰もが納得できるような明確な答えはまだ得られていませんが、おそらくはいくつかの要因が関係していると考えられています。これまでの研究によってわかったことでは、そうした要因の一つとして、不完全な記憶が関わっているようだということです。つまり、過去に実施した課題をやり遂げるのにかかった時間について、実際にかかった時間より短い時間として憶えられるという記憶の歪みが生じやすいのです[2]。この特性は、時間評価の研究において見いだされたように、過去の時間の長さが過小評価されるという傾向[3-5]と関連しているものと考えられています。

失敗を起こした場合、一般的にはその経験から学び、同じ失敗を繰り返さないような対策をとることが有効でしょう。ところが、時間の使い方における計画錯誤は、しばしば繰り返されてしまいます。なぜか私たちには、ともすると過去の失敗を忘れてしまい、楽観的な見通しを繰り返して立ててしまう傾向があるのです。

読者のなかにも、いつも締め切り間際になって作業が逼迫してしまうような経験をしたことがある方がおられるのではないかと思います。それは個人的な資質に関わる問題というよりも、どうやら人間に共通の問題なのかもしれません（もっとも、その程度に関しては個人的資質が大きく関わっているかもしれませんが）。

この章の冒頭でも説明したように、一般的に人間は自らの心的価値を低めるような出来事は記憶しにくいし、そもそもそういった事柄は認識さえされにくいことが知られています。このような認識や記憶の抑制には、人間の心の本質的な特徴の一つと考えられている自我防衛機制の働きがあると考えられます。さらに、仮に正しい認識がなされ、その記憶が形成されたとしても、それがその後の行動の計画に影響するとは限りません。

実は、いったん形成された記憶であってもさまざまに変容する可能性があるのです。記憶は、それが形成されたあとに得られた情報によって変容し、実際に目にしたり耳にした事柄の記憶が変わってしまったり、ありもしなかったことが記憶のなかに入り込んだりすることがあります。私たちの記憶は、たとえそれが明確で生き生きとした印象を与えたとして、必ずしも実際に起こった事柄の内容を反映しているわけではないのです。

時間の使い方における失敗についても、繰り返し同じような失敗を引き起こしてもなかなか行動が改まらない人が少なからず存在しているという事実を考えると、この錯誤の根底にも自我防衛機制のような根本的な人間の錯誤が関与している可能性を考えたほうがいいのかもしれません。

このように記憶さえも変容してしまうとすると、この問題への対応はなかなか困難なものです。私たち自身の心的な特性のうちに、正しい認識を妨げるような傾向があることを意味しているからです。

もし記憶の誤りが時間の使い方における計画錯誤を引き起こす原因になっているのであれば、過去に行なったことにどの程度の時間がかかったのか、メモ用紙やノート、パソコンなどに記録を取っておくといいでしょう。このように記録を残すということは記憶を外在化することを意味します。外在化された記憶は、物理的に改竄《かいざん》しない限り、私たちの頭のなかの記憶のように歪むことはありません。

過去に行なった同じような課題にどの程度の時間が必要であったかを外在化された記憶から評価すれば、今までよりは計画錯誤を引き起こしにくくなることが期待できるでしょう。たとえば、待ち合わせ時間にいつも遅れる人は、遅れるたびに何分程度遅刻したかを記録してみるのもよいでしょう。また、ある程度記録がたまったところでそれを見渡すと、自分はどのような場合に、どのような計画錯誤を引き起こしやすいのかという傾向が見えてくることがあります。時間の使い方における自分自身の傾向を知ることができたら、そのような錯誤を起こさないように対策をとることもできるでしょう。

せっかちな人とのんびりした人の時間

これまでも見てきたように、私たちが感じる時間は時計の時間とずれてしまうことが多くあります。この感じられる時間と時計の時間とのズレに対してはどのように対処したらいいかということは多くの人にとって大事な問題でしょう。

これまでの章で説明してきたように、たいていの人が感じている時間は時計の時間とずれています。時計の時間、公共の時間が道具であるならば、それを自分に合わせることができるはずです。ではどのように合わせたらよいのでしょうか。

たとえば、自らの時間感覚で生活した際に時計の時間となかなか合わないと感じる人は、自分の時間感覚と時計の時間とのズレがどのようなものか整理してみることが有効でしょう。つまりは、過去に起こった問題や過去に犯した失敗から学ぶということです。

あっという間に時計の時間が経ってしまうように感じたり、他の人たちと共同作業をしているとどうしても自分だけ遅れてしまう、といったことが繰り返し起こる人にとっては、時計の時間や多くの他の人たちの心の時間は速く進みすぎているのかもしれません。この場合、共同作業では他者より長い時間を確保したり、共同作業のタイミングを調節することが有効でしょう。また、時計の時間をうまく使いこなすためには、短い期間にいろいろな予定を詰め込んだりせず、余裕をもって行動することを心がければ、決めておいた時間までに作業が終わらなかったり、待ち合わせの時間に遅れたりするということは減るでしょう。

逆に、時計の時間がなかなか進まないように感じたり、周囲の人たちがのろのろ作業しているように見える、といったことがたびたび起こる人にとっては、時計の時間や多くの他の人たちの心の時間はゆっくり進んでいるのかもしれません。この場合、早めに自分の作業が済んでしまったとしても、他の人が追いつくまでに余った時間を他の作業や休息にあてるということで有効に使うことができれば、自分の作業のペースを崩さずに済むのではないかと思います。

普段、時計の時間と自分の時間感覚とのズレを感じていない人にとっても、感じられる時間が人によって多様であることを知っておくことは有意義なことでしょう。自分では、時計どおりの時間に合わせて行動することが難なくできるとしても、それは誰にとってもできることではないのです。

また、誰にとっても、自分自身の時間的な特性を知ることは有意義でしょう。簡単に、自分の感じる時間と時計の時間とのズレをチェックする方法があります。それは、自分で1分間と感じる長さの時間が、時計の時間ではどの程度の長さの時間にあたるかをチェックしてみることです。1回だけの評定ではとんでもない数値が出てしまうことがあるかもしれません。しかし、何度か評定を繰り返すと、評定される時間の長さはおおよそ安定してくると思います。何回かの測定の平均値はあなたにとっての主観的な1分間を時計の時間で換算したものと見ることができます。測定の結果が実際の時間と大きく異なっていたとしてもあまり気にする必要はありません。この測定の目的は正確な時間をあてることではなく、自分の時間感覚の特性を知ることなのですから、素直な態度で測定に臨めばいいのです。

主観的な1分間が時計の時間における1分間よりもずいぶん長い時間となった人は、短い時間に多くの予定を詰め込まないように心がけて、時間に余裕を持って行動すると、時間に追われたり、予定外にやり残しの仕事を作らずに済むことでしょう。一方、主観的な1分間が時計の時間の1分間よりもずいぶんと短くなった人は、時間を有効に使えば、時計どおりの時間感覚の人たちよりも多くの作業ができるかもしれません。

なお、1分間をターゲットとした時間評定を毎日同じ時間帯に行なうことで健康管理ができるということを提唱している医学者もいます。感じられる時間の長さは体調によって変化するので、主観的な1分間に対応する時計の時間がいつもより長めになるということは、内的時計がいつもよりゆっくり進んでいるということになります。内的時計のこのような遅延は身体の代謝の低下と対応しているかもしれません。逆に、内的時計がいつもより速く進むとしたら、身体的代謝がいつもより盛んということになります。通常よりも極端に速く内的時間が進んだとしたら、発熱をともなっているかもしれません。

毎朝、このような時間評定を行なうと、身体の健康状態のチェックになるだけではなく、その日の時計の時間とのつき合い方の調整の参考にもすることができることでしょう。朝ごとに心の時間を測るためだけに1分間を費やすのがもったいないという人は、毎朝、歯磨きや洗面をしながら、あるいは通勤や通学中に主観的な1分間を測ればよいのです。毎朝同じことをしながら測るのであれば、その結果を比較しやすくなると思います。ただし、何かをしながらの測定は結果を変動させる要因が多くなるのも事実なので、毎日の測定の際には、日によって変わるような要因が関わることは避けたほうがいいでしょう。

人の相性はテンポで決まる？

第3章では、人間は年齢によって心の時間の進み方が変わることについて説明しました。ところが、人間には年齢を経てもあまり変化しない時間的な特性があることも知られています[6)]。

たとえば、心地よいと感じるテンポや間合いは人によって異なっていて、それは年を経てもあまり変わらないことが知られています。そのようなテンポに関する指標の一つに「精神テンポ」があります。この精神テンポは、心地よいと感じられるテンポで机を指で繰り返し叩く方法（タッピング）で測定できます。1回あたりのタッピングは、おおよそ0・4〜0・9秒の範囲に入る人が多いと言われています[7)]。この精神テンポは、日常生活のなかでの歩くペースや話す際の間合いなどと正の相関があることが知られています。

この精神テンポはそれぞれの個人の個性の一つとしてみることができると考えられていますが、それが各個人においてどのように獲得されるのかについてはまだ十分に解明されていません。ただし、歩くペースに関しては、居住する都市の人口規模と比例的な関係にあることが知られています[8]。このことから、精神テンポは、遺伝によって受け継がれる先天的な特性だけで決まるのではなく、ある程度後天的な要因である生活環境にも影響を受けていると考えられます。

読者も自分の精神テンポがどの程度か調べてみてはどうでしょうか？　心地よいタイミングでタッピングをしながら、10回のタッピングにあたる時間を測ってみればいいのです。ある程度、自分にとって心地よいと感じられる間合いがわかったら、10回タッピングするのにかかる時間の長さをストップウォッチなどを用いて測定してみてください。10回のタッピングにかかった時間を10で割れば、1回1回のタッピングにどの程度の時間がかかったかがわかります。

人間は自分のテンポと異なるペースで作業をすると、心拍が上昇することが知られています[9]。このことから、自分の精神テンポと異なるペースで仕事をすることはストレスを生じるものと考えられます。ストレスが生じるような課題を続ける場合、当初はなんとか対応できたとしてもいつか破綻する可能性があることは意識されるべきでしょう。皆が同じペースで作業するということは、機械にはできても人間にはむずかしい課題なのです。

たとえば、1車線の道路上で車を運転している際、前を行く車がとてもゆっくりで、そのペースに合わせて自分も車を運転しなくてはならないという場合には多くのドライバーがイライラしてしまうことでしょう。また、逆の立場になっても問題があります。つまり、1車線の道路上で、自分の車の後ろにぴったりと後続の車がつけている場合に、たいていの人は居心地の悪さを感じてしまうことでしょう。このように、自分のペースでの行動が、ペースの異なる他者から干渉されることには、自分のペースで行動したいのにそれを抑えられてしまうような場合と自分のペースで行動しているのにせかされてしまうような場合とがあります。どちらの場合にもストレスになり得るということは、読者も日常の生活での個人的経験から理解できるのではないでしょうか。

テンポに個人差があるということから、誰か特定の人のテンポに合わせて作業することや、あらかじめ決められたテンポで作業するということは、共同作業を行なっているグループのうちにストレスを感じやすい人がいるということになります。この場合、いつまでもそのテンポで作業を持続するということは簡単ではないでしょう。作業の間合いやテンポには個人差があるということを理解し、各々の作業のテンポを維持した状態で作業を行ないつつ、共同での作業の仕方を調整することが無理を回避することができ、長い目で見た場合、作業効率をあげることにつながるのではないかと考えられます。

自分の精神テンポが標準より遅めなのか速めなのか、あるいはそこそこ標準の範囲に入っているテンポであるかを知っておくと、他の人たちとの共同作業の際にストレスを回避する方法を考えるうえで参考になるでしょう。たとえば、精神テンポが前述の範囲の上限や下限に近い人たちは、自分のペースを守ろうとしても、共同作業の際になかなかペースが合わないことでしょう。精神テンポが違うのだから当然です。さらに、前述の標準的な範囲から外れるような人は、他人との共同作業でストレスを感じやすかったり、相手にストレスを与えやすかったりするかもしれません。他の人たちが自分と異なるペースで作業することに対して寛容であったほうが、自分自身も共同作業の相手もストレスを感じにくいことでしょう。

なお、精神テンポが異なると、会話や作業の間合いが異なることも予測されます。精神テンポの差が大きい人どうしの組み合わせは、お互いに相手の作業のペースと合わず、調子が外れてしまうことがあるでしょう。相手のペースと合わせて仕事をすることにはストレスを感じてしまうかもしれません。かといって、精神テンポが大きく異なる人たちの間の人間関係までもが阻害されることを見いだした研究はまだ見たことがありません。たとえ仮に作業でストレスを感じるからといって、その作業以外の場での人間関係がしっくり来ないかどうかについてはまだあまり検討されていないのです。人との相性は会話や作業のテンポの一致以外にも、価値観や生活習慣など影響の大きな要因があります。そのために、おそらくは会話や作業のテンポの一致は相性の決定要因とはならないでしょう。

作業がはかどる時間帯がある

生物時計の周期に基づき、1日の時間帯によって身体的代謝やそれにともなって心の時間の進み方が異なることについては第3章でも述べました。こうした特性には、ある程度の個人差があるし、生活パターンによっても違いがあるものと考えられています。しかし、人間にとって1日のうちのそれぞれの時間帯は、まったく同じというわけではありません。このような身体代謝と時間との関係をより詳しく整理してみましょう。

たとえば、朝6時ごろ起きたとします。起床ごろの時間帯は体温が低く、夕方の時間帯に最も高くなります。心拍数や血圧は午前中のうちにピークを迎えることになります。最も高くなるのは午前8時～正午のあたりの時間帯でしょう。一方、午後や夜の時間帯になってから向上する機能もあります。肺の機能は1日のうちで午後2時〜8時ごろまでの時間帯で最も向上します。胃の活動や免疫力が1日のうちで最も向上するのは午後8時〜12時までの時間帯でしょう。肝機能が1日のうちで最も向上するのも午後6時〜深夜までの時間帯です。偏頭痛は午前6時〜8時に、歯痛は午後8時〜10時の時間帯に強くなりやすいことが知られています。

時間帯によって変化するのは身体的代謝や活動性、心の時間だけではありません。そればかりか、時間帯によって精神的な活動の成績も変わることが知られています。たとえば、精神的な集中力は、1日のうちで未明の時間帯に最も落ち込み、午前10時ごろ〜正午までの時間帯で最も高くなる傾向があります。論理的な推論の能力も測定してみると、ほぼこのペースで上がったり下がったりしています。

さらには、時間帯によって、発症しやすい疾病も異なります[10]。ぜんそくの発作は、午前2時〜4時の時間帯に起きやすく、心臓発作や脳卒中といったような循環器系の疾病による死は朝、特に午前6時〜10時の時間帯に訪れやすいことが知られています。乳幼児の突然死は午前4時〜6時ごろの時間帯に起きやすいということが報告されています。陣痛は深夜ごろに起きやすいようです。

このように、私たち人間はそのサーカディアンリズムに対応して、1日のうちで身体や精神の活動状態の上がり下がりとか疾病が発症しやすい時間帯があります。身体や精神におけるこうした時間的な特性を知ったうえで1日のスケジュールを計画することは、いろいろな課題に取り組む際に好成績をあげるのに有効と考えられます。

たとえば、学校の試験なども、科目によって、いい成績が出やすい時間帯が異なるということが推察されます。前述したように、論理的な推論の能力は昼前の時間帯に最も冴える傾向があります。論理的な思考を必要とする数学や物理などの成績もこの時間帯に向上するのです。

ただし、大学の入試のように複数の科目の試験を受ける場合、科目の順番はいつも決まっているわけではないでしょう。試験の時間割によっては、すべての科目に対してベストの時間帯で試験に臨むことはむずかしいかもしれません。

また、学科試験だけではなく陸上競技や水泳などのスポーツにおいても、いい成績が出やすい時間帯があることが知られています。単純な身体作業であれば、体温が上がる時間帯に最も成績がよくなるようです。筋力が最も能力を発揮できるのも午後2時〜8時までの時間帯でしょう。

こうしたリズムは、おおよそ平均的な傾向をまとめたものです。もちろん睡眠の取り方や食事の取り方といった個人の生活パターンや体調によって影響を受けます。しかし、各個人においてさまざまな課題の遂行に向いた時間帯、向かない時間帯があるということは確かなようです。時計の時間はどの時間帯も特別な意味などない均一なものとして想定されています。ところが、私たちの生きている時間は時間帯によってさまざまな特性やムラがあり、決して均一ではないのです。自分にとって、それぞれの作業や課題をするのに向いた時間帯はどうなっているのか、まずは平均的な傾向を参考に探ってみてはどうでしょうか?

人間にとって時間は均一のものではなく、意味のある時間の長さや時期というものがあります。また、人間は一定の時間のうちに摂食したり、危険な出来事を回避したり、休息を取ったりしなければ生きていけません。同じ行動をするにしても、適度な速度で適切な時点で、適当な持続時間を持って遂行しなければ、私たちは生きていけないのです。

また、農耕活動などでは、適切な時節に種をまいたり、肥料を与えたり、刈り入れたりします。工業的な生産においても納期までに製品を作り出さなければ、収入を得ることができません。第3次産業としてのサービス業においても、顧客が求める時期にサービスを提供することが求められます。どの段階の産業においても、どのような時期に行動を起こすかは、その行動の結果がどのようになるかを決定するうえでとても重要な問題です。

優先順位をつけよう

科学技術は、高速での移動や大量の情報通信を可能にしました。しかし、情報通信や移動が高速化されたとしても、人間の神経の伝達が速くなったり、知覚認知の処理時間が変化するわけではありません。つまりは、私たちが一度にできる認知的な課題の数は、私たちの祖先とそれほど変わらないものと考えられます。このことは、さまざまな情報が手に入り、やりたいこと、したいこと、そして実際にできる可能性のあることが増えたとしても、実際にできる事柄の数がそれほど増えるわけではないことを示唆しています。

もちろん、技術革新によって一つの事柄をやり遂げるまでに要する時間はずいぶん短縮されたことでしょう。たとえば、筆者自身の場合、学会発表や大学での講義のプレゼンテーション用の資料をパソコンを使って作るようになって、1回あたりの発表や講義や論文にかける時間と労力は、ずいぶん減ったと実感しています。

筆者が大学院生だったころは、学会発表ではまだスライド用のフィルムで撮った図を使っていました。発表用のスライドを作る際には、撮影のための図の作成やフィルムの現像のために、短く見積もっても3〜4日程度の時間を要していました。発表会場でも、スライドをプロジェクターのスライドマウントに入れて裏表、上下が逆になっていないか確認するために数十分程度は使っていたように記憶しています。ところが、現在では、発表用のコンピューターソフトを使うことによって、発表用の図や文章を提示するファイルを作るのにかかる時間は、多くの場合1〜2時間で済ますことができます。しかも、発表の直前まで、発表用のノート型パソコン上で図や文章をいじり回すことが可能になっています。

しかし、そうはいっても、ちゃんとした発表をするためには、論理展開をまとめたり、発表練習に要する時間はそれほど短縮されたわけではありません。発表における論理について考えたり、事前に練習することにはどうしてもそれなりの時間が必要なのです。そのため、発表準備にかかる時間はせいぜい多めに見積もって3分の1程度にしか短縮されていないように思われます。

移動や情報通信が高速化した現在においては、個人、または集団が潜在的にできる事柄の数は増えたに違いありません。それなりに時間をかければできるかもしれないような事柄についての情報も数多く入ってきています。それにともなってやりたいことの数も増えているはずです。とはいえ、やりたいことのなかには「どうしても実現したい」というものもあれば、「やらないよりはやったほうがまし」というレベルの事柄もずいぶん含まれてしまっているでしょう。しかし、いくら技術革新が進んだとしても、1日24時間という長さが変わるわけではありません。その一方で、人間が一つのことをやり遂げるにはどうしても一定の時間がかかってしまうのです。その時間が技術革新や経験、学習によっても増えた欲望を満たすのに必要な時間以上に短縮されないとしたらどうなるでしょう？　実際に取りかかっている事柄や仕事の数が少ないうちは何とか対応できるかもしれませんが、その数がどんどん増えていくと対応しきれなくなるのではないかと思います。

当然のことながら、潜在的な可能性に基づいて肥大する欲望のうち、実際に満たされるものは一部のみということになるでしょう。この場合、やりたいこと、やれるはずのことは数多くあり、しかもまだまだ増えるかもしれないのに、なかなか実現できないという状態に陥ることになります。現在は、かつてよりは潜在的に可能な事柄の数が増えているはずです。しかし、それにも増して満たされない欲求の数も増えているのだとしたら、できる事柄が少なかったころよりも時間が足りず、やりたいことができないという自己不全の感覚が強くなっているかもしれません。

同じような問題は、会社などにおける仕事についても指摘できるでしょう。やらないよりはやったほうがいい仕事などが増えたとしても、1日の長さが変わるわけではありませんし、またいくら単純な作業であっても、その遂行にはある程度の時間を要求するものです。したがって、仕事の数がどんどん増えていくと、本当にすべき仕事にかけられる時間も削ることになってしまいます。その結果として、組織の生産性は落ちることになるでしょう。

筆者が籍を置く大学のような職場でもしばしば同じような問題が起こっています。国立大学法人化にともない、どの大学もさまざまな問題を抱えていると思いますが、その問題に対峙するためにさまざまな会議やワーキンググループなどが設けられることがあります。たとえば、大学における研究の効率化や適切なカリキュラムの設定などがそうした場で検討されることになります。ところが、こうしたことを話し合う会議が増えすぎると、研究や教育に実際に費やすことができる時間が足りなくなってしまうということが起こりがちです。

このように、人間にとって時間が問題になるのは誰にとっても時間が有限であり、どんな簡単な作業にも一定の時間を要するからでしょう。時間という資源を有効に活用するためには、私たちの持ち時間は限られていること、また何をするにも一定の時間がかかるということとを認識するのはとても重要だと思います。

この問題は、自分自身のことや自分の属している会社、組織のことを考えてみると理解しやすいと思います。

個人においても、組織においても時間は有限であること、どんな簡単な作業も一定の時間を必要とすることを考慮して、作業の優先順位にしたがって効率的に時間という資源を活用できるように心がけることが望ましいと思います。

そのために、やりたいことを表などに書き出し、優先順位をつけて並べてみるのもいいでしょう。リストアップしたもののなかには、別にやらなくてもいいかなというものが意外と多く含まれていることに気づかされるかもしれません。そういった事柄を遂行するために、どうしてもやりたいことのための時間が奪われることは誰にとっても本意ではないと思います。

また、やりたいことが優先順位順に並べられた場合、それぞれにかかる時間についても考えてみたらいいでしょう。そうすると、具体的にそれぞれの作業をどのような順序で、どのようなタイミングで行なえるかについての見通しが立てやすくなることでしょう。時間とは、このように見通しを立てるための道具としても使えるものなのです。

心の時間を長くするには

時間の操作ということを考えると、タイムマシンを思い浮かべる人が多いかもしれません。タイムマシンとは、時間をさかのぼって過去に行ったり、逆に時間を飛び越えて未来に行なったりする時間旅行を可能にするような空想上の装置です。H・G・ウェルズ[11]以来、数多くの文芸作品や映像作品が発表され、タイムマシンについて考えることが私たちのイマジネーションをおおいに刺激してきたと言えます。しかしながら、これまでの物理学や工学的研究においては、その実現可能性さえも悲観的な議論の対象になっています。

実際のところ、時間だけを操作することによって過去の自分に会ったり、自分の子孫に会ったりすることができるかというと、やや疑わしいように思います。本書の1章でも紹介したように、地球は高速で自転し、公転しています。しかも太陽系の属している天の川銀河自体も高速で自転しており、さらに宇宙は猛スピードで膨張しています（やがては縮小に転じるらしいですが）。毎年、私たちみんなは知らないうちに約189億km も宇宙空間のなかを移動しているのです。
ということであれば、時間だけ操作した場合、たとえそれがほんの数ミリ秒であったとしても、私たちは何もない宇宙空間の真っただなかに放り出されてしまうことになってしまいます。私たち自身が絶えず時空のなかを大きく移動しているということになると、少なくとも時間旅行のための実用的な道具としてのタイムマシンを実現するためには、時間的な位置だけではなく、空間的な位置も操作する必要があります。物理的な時間の操作やタイムマシンは私の専門の問題領域外ですが、時間を操作したうえでピンポイントで異なる時間の地球の表面のどこかの空間的位置に定位させるということには、とてつもなく大きなエネルギーが必要になることでしょう。空間のなかでの移動だけでも大変なことでしょう。時間と空間の両者にわたる移動は、少なくとも現在の人類の科学技術レベルにとってはかなり高いハードルのように思えます。

このように、物理的な時間を操作することにはまだ多くの問題が残されているようです。しかしながら、本書でここまで紹介してきたように、感じられる時間にはさまざまな特性があり、その特性がある程度理解できれば、ある程度は時間の感じ方を操作できます。第４章で紹介した知覚のタイムマシンのように、実際とは逆の時間順序で物事の生起を体験させることも可能です。また、感じられる時間の長さに影響をおよぼすさまざまな要因を操作することにより、感じられる時間の長さを伸ばしたり縮めたりすることも可能です。このような操作の精度はまだ完璧ではないとはいえ、おおよその操作の方法とその効果についてはある程度特定されています。

同じ時間の長さを長めに感じるのがよいのか、あるいは短めに感じるのがよいのか、それは科学的研究から導かれることではありません。楽しい時間があっという間に過ぎてしまうことは口惜しく感じるかもしれませんが、いつまでも幸福で楽しい時間が続くというのは、なんだか奇妙な印象を与えることでしょう。個々人が心の時間についての科学的理解を参考に、自分なりにどのような時間の操作を行ない、どのように時間と接するか、いわば道具としての時間をどのようにカスタマイズするかは、科学が答えを出すべきことではなく、個々人にゆだねられた問題だと思います。

第3章でも紹介したように、同じ時間の長さであっても、その間に認知された出来事の数が多いほど時間も長く感じられることが知られています。また、物理的には同じ刺激であっても、そのいくつかをまとまりのあるものとして知覚した場合のほうが、それぞれを独立の刺激と知覚した場合よりも時間が短く感じられることになります。たとえば、単語を同じ時間で読み上げる場合でも、無作為に選ばれた単語がただ脈絡のない順序で読み上げられた場合よりは、同じ文字数の短い童話を読み上げた場合のほうが時間が短く感じられることになります。このことから、体験される時間の長さに影響を与えるのは、物理的にどれだけの数の出来事が生じたかではなく、どれだけの数の出来事が認識されたかということであることがわかります。

なお、ある特定の時間の範囲のなかですべき出来事が多い場合、しかもそれが自分の能力の限界に近いペースで作業をこなさなければならない場合、むしろ時間はあっという間に過ぎるように感じられることになりがちです。これは時間の経過と時間の見積もりとの差異によって生じる現象です。

予定を詰め込みすぎによって実施不可能な計画を立ててしまうと、それはむしろ時間の見積もりとのズレによって、感じられる時間が予想外に速く過ぎるように感じさせることになります。こなさなければならないことがあると、どうしてもそれをこなす時間はその作業に集中せざるを得ません。そのため、通常であれば気づくような出来事も見落としがちになります。これは体験されるイベントの数が減ることを意味します。また、仕事に追われている場合にはその作業に集中せざるを得なくなるため、時間の経過に注意が向けられる頻度も減ることになります。このように、知覚される出来事の数が減ること、時間の経過に注意が向けられる頻度が減ることは、時間を短く見積もることにつながることは前の節で説明したとおりです。したがって、感じられる時間の長さを引き延ばしたいときは、認知されるイベントの数を増やすことが有効でしょう。

ある課題に集中することで時間経過に注意が向きにくくなれば、感じられる時間も短めになります。この注意と認知されるイベントの数に関しては、それぞれが異なる要因として考えられており、おそらくはそれぞれの要因を独立に操作することで感じられる時間の長さを操作することができます。つまりは、楽しい時間を認知されるイベントの数を増やすことによって長く感じされることは可能と考えられます。

かといって、このように感じられる長さが操作された時間が、本当に豊かな時間だと感じられるかどうかということはまた別の問題でしょう。有効な操作方法は人によって異なるかもしれません。自分にとっての適切な操作方法は何か、長さを操作された楽しい時間は豊かな時間と感じられるかといった問題について、自分自身で答えを導いていただければと思います。

スポーツは楽しい時間を長くする!?

第3章で説明したように、感じられる時間の長さに影響をおよぼす主要な要因がいくつか存在しています。これまでのところ、そうした要因を単独で操作することで、感じられる時間の長さに影響をおよぼすことがわかっています。楽しい時間があっという間に過ぎてしまうということを嘆かれる読者も多いことでしょう。これは、第3章で説明したように、時間経過に対する注意の頻度による効果と考えられることが多くあります。この注意の要因とは独立に心の時間に影響をおよぼすいくつかの要因があるので、それらを操作すれば集中を紛らわさずに、楽しい時間をより長く感じられることが期待できます。

たとえば、感じられる時間の長さを操作するためには身体の代謝をあげることが有効でしょう。第3章で説明したように、身体的な代謝が上がっている状態では、時間はゆっくり過ぎているように感じられることになります。身体の代謝を盛んにさせるためには、たとえば運動などすればいいでしょう。身体を動かすなかで楽しめるのであれば、長い時間にわたって楽しい経験をすることができるという点で一石二鳥かもしれません。実際、多くの人が余暇でスポーツを楽しんでいることは、この心の時間の特性と無縁ではないと思います。

なお、運動などにより身体の代謝をあげることは、スムーズな入眠を助けるための手段としても有効です。もちろん、運動することによって、身体が適度に疲労することになりますから、それだけでも睡眠をうながすことにつながることでしょう。それに加えて、就寝の約2~3時間前の時間帯に運動して身体の代謝を上昇させることで、入眠しやすくなることが知られています。これは、代謝が落ち着き、体温が下がりはじめるころに合わせて就床するとスムーズに入眠できるためと考えられています。

有限な時間は人間の身体性に基づくものであることは第1章で見てきました。感じられる時間の基礎にある内的時計は、おそらく身体のどこかにあり、身体全体の代謝と連動しているものと考えられます。したがって、感じられる時間を操作するために、身体を使わない手はありません。しっかりと数十分間以上の運動して身体の代謝を上げるということは、内的時計を速く動かすために速度調整し直すようなものです。

私たちが時間とつき合う必要があるのは、まずは私たちが身体に制約された存在であるためだということを第1章で説明しました。私たちが時間的な存在であるのは、私たちが身体を持っているから、身体から離れては存在できないからだということにもなります。だとすると、時間とつき合っていくうえでも、やはり身体を活用するのが有効と考えられます。

ただし、豊かな時間を過ごすための身体の操作方法について、これまでの心理学研究が具体的に有効な方法を特定しているわけではありません。他の要因と同じように、身体の代謝が感じられる時間におよぼす効果には個人差もあることでしょう。したがって、自分にとって楽しい時間を長く感じるためには、どのような要因の操作が有効か、あるいは有効でないのか、試してもらいたいと思います。また、複数の要因を組み合わせることによって、相乗効果はあるのかについても個人差があるものと見られます。この問題についても、読者各自で自分なりの答えを探っていただければと思います。

時間に個性がなくなった！

本書では、特に最近の経済社会的な情勢により生じた時間の無個性化、高速化、厳密化がさまざまな領域で人間の時間的限界を超えつつあることを見てきました。人間自身が創り出した社会のシステムが、長い進化の過程で獲得されてきた我々のさまざまな特性の限界を超えつつあり、あるいはすでに超えていて、そのことがさまざまな潜在的危険を生じるに至ったという問題点の指摘です。このような状況は、長い人類史のなかでも、つい最近顕著になってきたことだと思います。21世紀の初めにあたって、人口爆発、地球の温暖化など、今までなかったさまざまな問題に直面していますが、時間との接し方についても、私たちは人類史上、新しい問題に直面しているように思います。

2008年9月に金融資本主義の行き詰まり、いわゆるリーマンショックが起きました。そのことにより、輸出産業を中心として雇用の危機が起こり、多くの人たちの生活が影響を受けています。

その後、危機の発信源でもあるアメリカ合衆国でも、日本でも、それまでのいわゆる「強欲資本主義」が批判され、グローバル市場経済主義が見直されるような事態に至っています。リーマンショックが起こった9月のうちに、アメリカに五つあった巨大な投資銀行がすべて姿を消したことはその象徴ともいえるような出来事だったと思います。これで、世界の経済を巻き込んだ流れが大きく変わったのは確かだと思います。

この事態の世界史的意義、経済学的な意義についてはその道の専門家に任せることにしましょう。ここでは、この状況が現代における時間の特性に与える意味について考えておきたいと思います。

先述したように、金融を巡る動きを見ていると、これまでの金融市場至上主義的な流れはやや弱まりつつあるように思います。では、本書で扱ってきたグローバルな経済の発展にともなって生じた時間の無個性化（均一化）や生活の高速化、厳密化の流れはどのような影響を受けるでしょうか？

おそらくは、時間の無個性化、生活の高速化、厳密化の流れが一時的に緩やかになるといったような影響はあるように思います。24時間にわたって、いつでもどこでも株や証券のトレーディングを行うような人の数は、少なくとも一時的には減ることでしょう。

とはいえ、時間の無個性化、高速化、厳密化はグローバルな経済の働きだけで起こってきたわけではないように思います。むしろ、生活の利便性を求めてきた、現代に生きる個々の人の生活自体にその基盤があるように思います。誰だって、いつでもどこでも欲しいものが手に入るほうが利便性が高いと感じるのは当然でしょう。そのため、そのように感じ、そのようなな社会的サービスを求める人たちがある程度存在していれば、そのサービスを提供する企業が出てくるのは仕方のないことです。このように、我々自身が日常生活において利便性を求める傾向は、グローバル経済と無縁ではないと思いますが、それがなくても、成立するものだと思います。

生活の高速化についても同じようなことを指摘できるように思います。高速での移動や情報通信への欲求はなくならないでしょう。それが企業活動として成立するかどうかは、それにかかるコストとの関係によって決まってくると思いますが、コストの問題さえ解決できれば、そのようなサービスを提供したり、そのようなことに挑戦する企業が出現することになると思います。

時間の厳密化についても、予想どおりに社会のシステムが動いていることを保証するうえでは有効な仕組みだと思います。そのため、利便性を考えると、厳密に時計の時間に合わせて提供されるサービスのほうが好まれることになるでしょう。個人的にも飛行機の国際線で経験がありますが、目的地への到着が予定よりも数時間から1日も遅れるような交通機関は利便性が高いとは感じられません。個人の生活のうえでは、あまりにも時計どおりの生活は堅苦しいように感じることと思います。とはいえ、公共の交通機関のようなサービスでは、厳密に時間を守ってくれるほうが好まれることになるでしょう。予想外のことが起こるほうが、個人としても行動のパターンを合わせにくいでしょうから、先行きの予想がつかないような状況は、それ自体がストレスフルで、利便性を追求する我々の欲求に反することだと思います。

つまり、世界的な経済の状況によって、経済のグローバリズムの流れ自体が遅くなったり速くなったりということはあるにしても、利便性を求める人間の欲望がある限り、時間の無個性化や高速化、厳密化の流れは止まらないように思います。利便性を求める私たちの傾向そのものが、私たちの時間的な制約を超えてさまざまな潜在的危険を生じている現在の状況の根幹にあるように思います。

本来、生活は多くの不便をともなうものです。実際のところ、現在の利便性を獲得するまでには、多大な努力をしてきたはずです。そうした生活を支えるために多くのエネルギーが費やされ、またそのエネルギーの消費は、経済活動に基づいています。そうなると、いったん手にした利便性を可能にしている無個性な時間や高速の移動と情報伝達、厳密な時計の時間への服従を手放し、不便な生活を我慢するのは簡単なことではないでしょう。

利便性を求める人間自身の欲望がある限り、おそらくは、時間を無個性なものにし、高速化と厳密化を求める状況はこれからも続くと思います。この基本的かつ強力な傾向のなかで重要なのは、私たちが私たち自身の特性を知るということではないかと思います。本書で紹介してきたように、私たち自身の時間的な特徴や限界を知るということも重要でしょう。それだけではなく、私たちの時間的な制約を超えた社会的情勢の基礎にある我々自身の欲望についても知ることも重要だと思います。私たち人間が、利便性の追求のために生活環境を作り替えてしまう生物である以上、どうしてこのような環境が成立しているのかについても理解を進める必要があるのだと思います。この点については、今後、おそらくは経済学的な視点も必要になってくることでしょう。

第5章（38ページ）を読むのにかかると予想される時間	時間
実際にかかった時間	時間

エピローグ

プロローグでは、この本の各章と全体を読み上げるのにどの程度時間がかかるか、推定してもらいましたが、実際のところ、ここまで読むのに、どの程度の時間がかかったでしょうか？

ここで答え合わせをしてみることにしましょう。ご自分の予測と実測値を比べてみて下さい。ある程度は正確に予測ができた人もおられることでしょうし、あるいは、完全に外れてしまった人もおられることでしょう。途中まで読んだところで、前半の章の予測と実際にかかった時間とのズレを見て、その後の章に対する予測について書き直した人もおられるかもしれません。

人によっては、途中の章が退屈に感じたり、むずかしく感じたりして、いくつかの章を読み飛ばして、いきなりこのエピローグを読みはじめてしまった方もおられるかもしれません。そういう人は、当初の見積もりよりもずいぶん短い時間でここまでたどり着いたのではないかと思います。しかし、このように途中の章をスキップした場合を除くと、実際よりも長い時間を見積もっておられた人、当初の見積もりよりも短い時間でここまでたどり着いた人は少ないのではないかと思います。

どうして、実際に要する時間より短めの評定を行なう傾向があるのでしょうか？

人間は、過去に行なった同じような作業に対して、実際にかかった時間よりも短く評価する特性があることが知られています。

また、過去におかした失敗をちゃんと記憶しない、あるいは失敗せずにちゃんとできたという誤った記憶を持ってしまう特性もあります。第5章であげた自我防衛機制のなせる技です。過去の失敗の記憶は、自尊感情を傷つけるために抑制され、ゆがめられ、成功経験の記憶だけが残されているかもしれません。人間は、ともすると自分の能力を、実際以上に高く見てしまうのです。となると、この本を読むのにかかった時間についてどの程度の時間がかかったか、その予測が正しかったか、ということについては、自分の記憶はあてにならないかもしれません。

とはいえ、この本を読むのにかかる時間について予測したという経験自体は、今後、同じようなことをする際の参考にはできるはずです。自分の時間の見積もりは、実際にかかる時間よりも短めになる傾向があるのでなかなか信用できない、という記憶が残るだけでも、今後、いろいろなことに取り組む際の時間の見積もりの参考になるのではないかと思っています。

どの章についても同じように過大評価、過小評価された読者は、日常生活のなかでの他の作業についても同じような誤りをおかすかもしれません。あるいは、章によって過大評価だったり過小評価だったりした読者は、日常生活のなかでのさまざまな作業においても、正確な見通しを立てることにおいて、同じように不正確であるかもしれません。自分にどのような傾向があるのか知ったうえで、時間とどのようにつき合うか考えていただければと思います。

これまでも何度か言及してきたように、筆者自身は実験心理学者ですが、この本では、心理学の領域をかなりはみ出した議論を行ないました。個々の領域にとどまるだけではなく、それぞれの視点から見た問題点を指摘していったほうが心的時間に関するさまざまな問題にアプローチするうえで有効と考えたからです。こういう考えに至ったのは、時間学研究所での他の分野の専門家との交流があったからだと思います。

さまざまな分野の研究者が時間に関する問題や理解を共有する場を広げる試みとして、2009年6月に時間学研究所のある山口市で日本時間学会の第1回大会が開かれました。

これは、時間学研究所の学際的活動を学会レベルで展開しようという試みです。そのなかからまた幅広い議論が展開されることを期待しています。本書で紹介したように、現在のような時間とのつき合い方は人類史上まれなことであり、また現代だからこそ問題になる人間の時間的制約もあると思います。こうした時代において、時間とどのような接し方をしていけばいいのか、時間との接し方にどのような可能性があるのか、時間学会のような場で多様な分野から検討を通してこそ見えてくることがあるだろうと期待しています。

本書での心的時間に関する議論は、２００６年まで所属していた山口大学工学部感性デザイン工学科や理工学研究科、現在の所属の千葉大学文学部の学生や同僚との共同研究によるものです。また、心理学以外の分野からの視点に基づく考察は、山口大学時間学研究所での他分野の先生方との交流に基づくものです。哲学や物理学、生物学の門外漢である筆者の素朴な質問にも真摯に答えていただいた研究所の先生方、とりわけ初代研究所の井上慎一先生、現所長の辻正二先生には感謝しています。

また、実験心理学的な研究成果を一般社会にアピールすることの重要性は、他の時間学研究所のスタッフとともに関わった日本科学未来館の「時間旅行展」での経験が大きかったと思います。この「時間旅行展」は、２００３年のお台場における最初の展示以降、西明石や佐賀、山口と日本の各地で開催された後、中国、メキシコ、ポーランドと国外にも飛び出し、さまざまな土地を巡り、この本を執筆している間は、ちょうど香港での展示がなされていました。科学的な研究の実践を、研究者以外の方々にアピールすることの可能性を知ることができた点で、この展示に関わった経験は大きいものでした。日本科学未来館の内田まほろさんや藪本晶子さん、島田卓也さんをはじめとした、この展示の制作と巡回に関わったスタッフの皆様に感謝しています。

最後に、本書をまとめるにあたり、当初設定した締め切りを何度も破ることになってしまいましたが、それでも本書をわかりやすいものにするために、丁寧に編集の作業にあたっていただいた教育評論社のアニエスさんにも大変感謝しています。彼女の忍耐と努力なくしては本書が世に出ることはなかったと思います。

2009年7月

一川　誠

『生物から見た世界』日高敏隆訳（1973）新思索社

◉ 第5章

1) Kahneman, D., & Tversky, A.（1996）On the reality of cognitive illusions. Psychological Review, 103, 582-591
2) Roy, M. M., Christenfeld N. J. S., & McKenzie, C. R. M.（2005）Underestimating the duration of future events: Memory incorrectly used of memory bias? Psychological Bulletin, 131, 738-756
3) Block R. A., Zakay D.（1997）Prospective and retrospective duration judgments: A meta-analytic review. Psychonomic Bulletin & Review, 4, 184-197
4) Fraisse, P.（1963）The psychology of time. New York : Harper & Row.
5) Poynter, W. D.（1989）Judging the duration of time intervals: A process of remembering segments of experience. In I. Levin & D. Zakay（Eds.）, Time and human cognition: A life-span perspective（pp. 305-321）. Amsterdam: Elsevier
6) Eysenck, H. H.（1947）Dimensions of personality. New Brunswick, NJ, Transaction Publishers
7) Rosenfeld, A. H.（1985）Music, the beautiful disturber, Psychology Today, 19, 48-56
8) Bornstein M. H.（1979）The pace of life: revised. International Journal of Psychology, 14, 83-90
9) 平伸二, 今若修, 杉之原正純（1993）反復運動時の精神テンポに関する生理心理学的研究, スポーツ心理学研究, 20, 36-41
10) ラッセル・フォスター, レオン・クライツマン（2004）『生物時計はなぜリズムを刻むのか』本間徳子訳（2006）日経BP社
11) ハーバート・G・ウェルズ（1895）『タイムマシン』石川年訳（2002）角川文庫

25) Wada, Y., Kitagawa, N., & Noguchi, K. (2003) Audio-visual integration in temporal perception. International Journal of Psychophysiology, 50, 117-124
26) Nakajima, Y., ten Hoopen, G., & van der Wilk, R. (1991) A new illusion of time perception. Music Perception, 8, 431-448
27) Nakajima, Y. (1987) A model of empty duration perception. Perception, 16, 485-520
28) Webster, M. A., Kaping, D., Mizokami, Y., & Duhamel, P. (2004) Adaptation to natural facial categories. Nature, 428, 557-561
29) Kohler, I. (1951, 1953) The formation and transformation of the perceptual world. Translated by H. Fiss (1964) Psychological Issues, 3, 1-173
30) Ichikawa, M., & Egusa, H. (1993) How is depth perception affected by long-term wearing of left-right reversing spectacles? Perception, 22, 971-984
31) Shepard, R. N. (1981) Psychological complementarity. In: Kubovy M & Pomerantz JR (Eds.) Perceptual organization. 279-342. Hillsdale, NJ, Erlbaum
32) 北岡明佳 (2007)『脳はなぜだまされるのか？錯視完全図解』ニュートンプレス
33) Ouchi, H. (1977) Japanese Optical and Geometrical Art. New York, NY, Dover
34) Fraser, A., & Wilcox, K. (1979) Perception of illusory movement, Nature, 281, 565-566
35) Pinna, B., & Brelstaff, G. J. (2000). A new visual illusion of relative motion. Vision Research, 40, 2091-2096
36) Ichikawa, M., Masakura, Y., & Munechika, K. (2006) Dependency of illusory motion on directional consistency in oblique components. Perception, 35, 933-946
37) Anstis, S. (2001) Footsteps and inchworms: Illusions show that contrast affects apparent speed. Perception, 30, 785-794
38) 西村好古 (2006) 映像・音楽再生速度が時間知覚に及ぼす影響，山口大学理工学研究科修士論文
39) 田山忠行 (1996) 運動パターンの時間評価，松田文子他編著『心理的時間―その広くて深いなぞ』北大路書房，Pp. 101-116
40) ヤーコブ・フォン・ユクスキュル，ゲオルク・クリサート (1970)

10）Nijhawan, R. (1994). Motion extrapolation in catching. Nature, 370, 256-257
11）Sheth, B. R., Nijhawan, R., & Shimojo, S. (2000) Changing objects lead briefly flashed ones. Nature Neuroscience, 3, 489-495
12）Baldo, M. V., Ranvaud, R. D., & Morya, E. (2002) Flag errors in soccer games: the flash-lag effect brought to real life. Perception, 31, 1205-1210
13）福井隆雄，木村聡貴，門田浩二，五味裕章（2007）運転停止エスカレータに乗込む際の潜在的運動制御：違和感の原因を探る，電子情報通信学会技術研究報告ニューロコンピューティング，106, 37-42
14）Morrone, M. C., Ross, J., & Burr, D. (2005) Saccadic eye movement cause compression of time as well as space. Nature Neuroscience, 8, 950-954
15）Simons, D. J., Franconeri, S. L., & Reimer R. L. (2000) Change blindness in the absence of a visual disruption. Perception, 29, 1143-1154
16）O'Regan J. K., Rensink, R. A., & Clark, J. J. (1999) Change-blindness as a result of 'mudsplashes'. Nature. 398, 34
17）Bonneh, Y. S., Cooperman, A., & Sagi, D. (2001) Motion-induced blindness in normal observers. Nature. 411, 798-801
18）Posner, M. I., & Cohen, Y. (1984) Components of visual orienting. In H. Bzouma & D. G. Bouwhuis (Eds.), Attention and performance X (pp. 531-556). Hillsdale, NJ, Erlbaum
19）武田裕司，小川洋和（2003）視覚探索における復帰の抑制，心理学評論，46, 444-461
20）Broadbent, D. E., & Broadbent, M. H. P. (1987) From detection to identification: Response to multiple targets in rapid serial visual presentation. Perception & Psychophysics, 42, 105-113
21）河原純一郎（2003）注意の瞬き，心理学評論，46, 501-526
22）エルンスト・ペッペル（1985）『意識の中の時間』 田山忠行・尾形敬次訳 （1995）岩波書店
23）Shams, L., Kamitani, Y., & Shimojo, S. (2000) What you see is what you hear. Nature, 408, 788
24）Ichikawa, M. & Masakura, Y. (2006) Auditory stimulation affects apparent motion. Japanese Psychological Research, 48, 91-101

depth. Nature, 416, 172-174
25）Dunker, K.（1939）The influence of past experience upon perceptual properties, American Journal of Psychology. 64, 216-227
26）Kanig, J. L.（1955）Mental impact of color in food studied. Food Field Reporter, 19, 23-57
27）桐谷佳恵（2003）香水における香りと色の印象評価の関係, 日本心理学会第 67 回大会発表論文集, 643
28）戸沼幸市（1978）『人間尺度論』 彰国社
29）松田文子（1965）時間評価の発達Ⅱ：標準時間中の音の頻度の効果, 心理学研究, 36, 285-294

◉ 第 4 章

1）Carrasco, M., McElree, B., Denisova, K., & Giordano, A. M.（2003）Speed of visual processing increases with eccentricity. Nature Neuroscience, 6, 699-670
2）Mitrani, L., Shekerdjiiski, S., & Yakimoff, N.（1986）Mechanisms and asymmetries in visual perception of simultaneity and temporal order. Biological Cybernetics, 54, 159-165
3）Moutoussis, K., & Zeki, S.（1997）Functional segregation and temporal hierarchy of the visual perceptive systems. Proceedings: Biological Sciences, 264, 1407-1414
4）下村満子, 横澤一彦（1998）高速提示された刺激の時間的結合錯誤？ターゲットの複雑性操作による効果, 心理学研究, 68, 449-456
5）Nishida, S., & Johnston, A.（2002）Marker correspondence not processing latency determines temporal binding of visual attributes, Current Biology, 12, 359-368
6）Shapiro, A. G., D'Antona, A. D., Charles, J. P., Belano, L. A., Smith, J. B., & Shear-Heyman, M.（2004）Induced contrast asynchronies. Journal of Vision, 4, 459-468
7）Fujisaki, W., Shimojo, S., Kashino, M., & Nishida, S.（2004）Recalibration of audio-visual simultaneity, Nature Neuroscience, 7, 773-778
8）Hikosaka, O., Miyauchi, S., & Shimojo, S.（1993）Focal visual attention produces illusory temporal order and motion sensation. Vision Research, 33, 1219-1240
9）Parks, T. E.（1965）Post-retinal visual storage. American Journal of Psychology, 78, 145-147

舘大学文学部人文学会紀要, 24, 156-164
10) Frankenhaueuser, M. (1959) Estimation of time: An experimental study. Almqvist & Weksell
11) アントニオ・R・ダマシオ (1994)『生存する脳：心と脳と身体の神秘』田中三彦訳 (2000) 講談社
12) Watts, F. N., & Sharrock, R. (1984) Fear and time estimation. Perceptual & Motor Skills, 59, 597-598
13) Burdick, A. (2006) The mind in overdrive, Discover Magazine , 15, 21-22
14) Stetson , C., Fiesta, M. P., & Eagleman, D. M. (2007) Does time really slow down during a frightening event? PLoS ONE, 2, e1295
15) Strayer, D. L., Drews, F. A., & Johnston, W. A. (2003) Cell phone-induced failures of visual attention during simulated driving. Journal of Experimental Psychology : Applied. 9, 23-32
16) Underwood, G. (1975) Attention and the perception of duration during encoding and retrieval, Perception, 4, 291-296
17) Hicks, R. E., Miller, G. W., Gaes, G., & Bierman, K. (1977) Concurrent processing demands and the experience of time-in-passing, American Journal of Psychology, 90, 431-446
18)藤原洙江, 狩野素朗(1994)VDT作業での目標設定とフィードバッグが遂行と時間評価におよぼす効果, 心理学研究, 65,87-94
19) Block R.,&Zakay D. (1997) Prospective and retrospective duration jadgments : A meta-analytic review.Psychoromic Bulletin, & Rewew,4,184-197
20) Thomas, E. A. C., & Canter, N. E. (1975) On the duality of simultaneous time and size perception. Perception & Psychophysics, 18, 44-48
21) Ono, F., & Kawahara, J. (2007) The subjective size of visual stimuli affects the perceived duration of their presentation, Perception & Psychophysics, 69, 952-957
22) Falchier, A., Clavagnier, S., Barone, P., & Kennedy, H. (2002) Anatomical evidence of multimodal integration in primate striate cortex. Journal of Neuroscience, 22, 5749-5759
23) McGurk, H., & MacDonald, J. (1976) Hearing lips and seeing voices. Nature, 264, 746-748
24) Kitagawa, N., & Ichihara, S. (2002) Hearing visual motion in

scalp topography of human somatosensory and auditory evoked potentials. Electroencephalography & Clinical Neurophysiology, 42, 57-76
4) エルンスト・ペッペル（1985）『意識の中の時間』田山忠行・尾形敬次訳（1995）岩波書店
5) ベンジャミン・リベット（2004）『マインド・タイム』下條信輔訳（2005）岩波書店
6) Soon, C. S., Brass, M., Heinze, H. J., & Haynes, J. D.（2008）Unconscious determinants of free decisions in the human brain. Nature Neuroscience. 11, 543-545
7) ドナルド・ノーマン（1990）『誰のためのデザイン？』野島久雄訳（1990）新曜社

◉ 第3章

1) 松田文子（1996）時間評価のモデル，松田文子他編著『心理的時間—その広くて深いなぞ』北大路書房，Pp. 129-144
2) Janet, P.（1928）Le temps des savants. In P. Janet, L'evolution de la mémoire et la notion du temps; Leçons au Collège de France 1927-1928, Pp. 383-399.（L'Harmattan, 2006）
3) Matsuda, F.（1996）Duration, distance, and speed judgments of two moving objects by 4- to 11-years olds. Journal of Experimental Child Psychology, 63, 286-311
4) 岩崎秀雄（2004）生命のリズム，バイオニクス，1, 82
5) Treisman, M., Cook, N., Naish, P. L. N., & MacCrone, J. K.（1994）The internal clock: Electroencephalographic evidence for oscillatory processes underlying time perception. The Quarterly Journal of Experimental Psychology, A, 47, 241-289
6) Wearden, J. H., & Penton-Voak, I. S.（1995）Feeling the heat: body temperature and the rate of subjective time, revisited. The Quarterly Journal of Experimental Psychology, B, 48, 129-141
7) Hogland, H.（1933）The physiological control of judgments of duration: Evidence for a chemical clock. Journal of General Psychology, 9, 260-287
8) 本川達雄（1992）『ゾウの時間 ネズミの時間—サイズの生物学』中公新書
9) 折原茂樹（1991）歩行課題を用いた生活時間評価について，国士

◆参考文献◆

◉ 第1章

1）アウグスティヌス（397-400頃）『告白』（上・下）服部栄次郎訳（1976）岩波文庫

2）イマヌエル・カント（1787）『純粋理性批判』（上）篠田英雄訳（1961）岩波文庫

3）エルンスト・マッハ（1923）『時間と空間』野家啓一訳（1983）法政大学出版局

4）入不二基義（2002）『時間は実在するか』講談社新書

5）ピーター・コブニー，ロジャー・ハイフィールド（1990）『時間の矢，生命の矢』野本陽代訳（1995）草思社

6）Rao, S. M., Mayer, A. R., & Harrington, D. L.（2001）The evolution of brain activation during temporal processing. Nature Neuroscience, 4, 317-323

7）ジャック・アタリ（1982）『時間の歴史』蔵持不三也他訳（1986）原書房

8）Gretchen, C-A., & Dolores, B.（2005）NASA Details Earthquake Effects on the Earth, press release, NASA 2009-05-01

◉ 第2章

1）ラッセル・フォスター，レオン・クライツマン（2004）『生物時計はなぜリズムを刻むのか』本間徳子訳（2006）日経BP社

2）井上慎一（2004）『脳と遺伝子の生物時計』共立出版

3）Goff, G. A., Matsumiya, Y., Allison, T., & Goff, W. R.（1977）The

一川　誠（いちかわ　まこと）

1965年生まれ。1994年大阪市立大学文学研究科後期博士課程終了後、カナダのヨーク大学研究員を経て1997年より山口大学工学部で講師、助教授を務める。「時間学」に興味を持ち、山口大学時間学研究所のメンバーとなる。現在、千葉大学文学部行動科学科准教授。日本科学未来館「時間旅行展」のサイエンスナビゲータとして活躍。「世界一受けたい授業」（日本テレビ）や「解体新ショー」、「爆笑問題ニッポンの教養」（NHK）などに出演し、感じられる時間の特性や時間に関する錯覚についての解説を行なった。著書に『大人になるとなぜ1年が短くなるのか？』（宝島社、共著）、『大人の時間はなぜ短いのか』（集英社新書）など。

時計の時間、心の時間—退屈な時間はナゼ長くなるのか？

2009年8月8日　初版第1刷発行

著　者　一川　誠

発行者　阿部黄瀬

発行所　株式会社教育評論社

〒103-0001 東京都中央区日本橋小伝馬町2-5 FKビル

TEL.03-3664-5851 FAX.03-3664-5816

http://www.kyohyo.co.jp

印刷製本　萩原印刷株式会社

© Makoto Ichikawa 2009,Printed in Japan

ISBN 978-4-905706-42-7 C0011

定価はカバーに表示してあります。

落丁・乱丁本は送料弊社負担でお取替えいたします。